Wunibald Müller

Erfülltes Leben statt Burn-out

Ich widme dieses Buch
meiner Frau,
unseren Kindern Dorothea und Thomas Morus,
sowie
Sybille, Tessi, Daniela, Annette, Norbert, Doris, Michael,
Krisztina, Andreas, Alex, Max, Verena, Pierre und Harald.

Wunibald Müller

Erfülltes Leben statt Burn-out

Für Menschen in helfenden Berufen

HERDER

FREIBURG · BASEL · WIEN

MIX
Papier aus verantwortungsvollen Quellen
FSC
www.fsc.org
FSC® C083411

www.herder.de

Umschlaggestaltung: Designbüro Gestaltungssaal, Rosenheim
Umschlagmotiv: © ViSnezh/shutterstock
Satz: Barbara Herrmann, Freiburg
Herstellung: CPI books GmbH, Leck

Printed in Germany

ISBN 978-3-451-38389-2

Inhalt

Einladung

Wer ist der Mensch, der Lust hat am Leben
und gute Tage zu sehen wünscht?
Aus der Regel des heiligen Benedikt

Und die Welt hebt an zu singen,
triffst Du nur das Zauberwort.
Joseph von Eichendorff

»Willst du leben, oder willst du einbalsamiert sein?«, fragt Henry David Thoreau (1996, 62), der vor über 150 Jahren für zweieinhalb Jahre am einsamen Waldensee in der Nähe der Stadt Concord im Bundesstaat Massachusetts in einer Blockhütte lebte. Er wollte nicht, wenn es zum Sterben ging, einsehen müssen, dass er gar nicht gelebt hat. Ich will mit diesem Buch dazu einladen, sich für das Leben zu entscheiden, ohne dafür in den Wald ziehen zu müssen. Ich will aus der Sicht eines Psychotherapeuten und Theologen aufzeigen, wie es uns gelingen kann, ganz zu leben. Denn, so Henry David Thoreau (1996, 80): »Wir leben unser Leben nicht voll aus. Wir durchdringen nicht alle unsere Poren mit unserem Blut. Wir atmen nicht aus voller Brust. Wir leben nur einen Bruchteil unseres Lebens.« Das muss nicht so sein. Das können wir ändern. Wer die Lust am Leben nicht verlieren will, der wird sich nicht damit zufriedengeben, nur einen Bruchteil seines Lebens zu leben.

Es gibt viele Gründe dafür, dass wir nicht aus voller Brust atmen. Ein wesentlicher Grund ist die zunehmende Hektik, der wir ausgesetzt sind und bei der uns die Luft ausgeht. Das führt dazu, dass wir die Lust an der Arbeit und irgendwann auch die Lust am Leben verlieren, innerlich ausbrennen. Dazu kommt: Die Beschleunigung, die zunehmend in unserem Alltag um sich greift, führt zur Beziehungslosigkeit. Die Schöpfung, die Welt, die Menschen, was wir tun, erleben wir zunehmend als fremd und kalt. Wir haben das Gefühl, keine Resonanz von unserer Umgebung zu erhalten. Als sei sie verstummt. Das aber können wir nur schwer aushalten. Wir fühlen uns einsam, vermissen den Kontakt mit der Welt und den Mitmenschen (vgl. Rosa 2016).

Wollen wir das ändern, verlangt das von uns eine grundsätzliche Veränderung in der Art und Weise, wie wir in der Welt leben. Wir müssen in unserem alltäglichen Leben mit den Aufgaben, denen wir nachgehen, mit den Menschen, mit denen wir leben, in Berührung kommen. Wir müssen in Beziehung zu ihnen treten. Sie müssen uns etwas bedeuten, ja, wir müssen sie lieben.

Bei meinen Ausführungen habe ich mich unter anderem von Henry David Thoreau, Eknath Easwaran und Hartmut Rosa inspirieren lassen. Eingeflossen sind auch Anregungen von Andreas von Heyl, dem ich das Buch widme. Ansonsten sind es vor allem meine eigenen Erfahrungen, die mir geholfen haben, ein erfüllendes Leben zu leben. Also, lassen Sie sich überraschen, wie mich der heilige Benedikt überraschte, als ich in seiner Regel auf die Frage stieß: »Wer ist der Mensch, der Lust hat am Leben und gute Tage zu sehen wünscht?« Für Benedikt sollte der, der Lust hat am Leben, ins Kloster gehen. Haben Sie Lust am Leben? Wenn ja, müssen Sie nicht gleich ins Kloster gehen. Sie werden aber, davon bin ich überzeugt, in den folgenden Texten viele Anregungen finden, wie Sie Lust am Leben erfahren können oder was Sie tun können, um die Lust am Leben nicht zu verlieren und ein erfüllendes Leben zu führen.

Wunibald Müller

TEIL I

... damit wir nicht die Lust am Leben verlieren

»Ich erbitte einen Augenblick der Gunst, um an deiner Seite zu sitzen. Die Arbeit, die ich gerade in Händen habe, wird später getan.
Bist du meinem Blick entzogen, kennt mein Herz weder Ruhe noch Rast, meine Arbeit gerät zur endlosen Plage im uferlosen Meer der Mühsal.
Heute ist der Sommer an mein Fenster gekommen, mit seinem Seufzen und Geraune. Die Bienen verrichten ihren Minnedienst am Hofe des Blütenhains.
Jetzt ist es an der Zeit, reglos mit dir dazusitzen, von Angesicht zu Angesicht, und zur Weihe des Lebens zu singen, in dieser stillen, überfließenden Muße.«

(Rabindranath Tagore)

Von diesem Text (Tagore 2013) geht Gelassenheit aus. Wer ihn liest, kommt mit seiner Sehnsucht in Berührung, innezuhalten, das, was er gerade tut, zu unterbrechen und für einen Moment dem seine Aufmerksamkeit zu schenken, was ihm guttut, ihn aufbaut, ihn erfreut. Dieses Gedicht ist für mich auch eine Einladung zu einem erfüllenden Leben. Einem Leben, dessen Fülle nicht darin besteht, möglichst viel, sondern etwas bewusst und intensiv zu erleben.

Lassen Sie sich von den folgenden Texten anregen zu einem lustvollen Leben, das Ihnen etwas von der Fülle beschert, die wir erfahren:

- wenn wir offen dafür sind, uns vom Leben überraschen zu lassen,
- wenn wir im Augenblick leben,
- wenn wir das Leben feiern, unsere Lebenskraft ausleben
- und Erfahrungen zulassen und suchen, die uns den Alltag versüßen und – auch wenn es nur Augenblicke sind – dem Alltag entrücken.

Lust am Leben haben

Wenn ich an den großen Theologen Thomas von Aquin denke, taucht vor mir zunächst das Bild eines stattlichen Dominikanermönches auf, der sich eigens, so wird berichtet, am Esstisch eine Öffnung heraussägen ließ, um Platz nehmen zu können – so dick war er. Mir fällt natürlich auch sein umfangreiches wissenschaftliches Werk ein, darunter seine »Summe der Theologie«, die bis heute die katholische Morallehre beeinflusst.

Es gibt aber auch einen anderen Thomas von Aquin. Dem bin ich erst später begegnet. Es ist der Thomas von Aquin, der sich als ein einfühlender Psychologe, gar Psychotherapeut erweist. Was gefällt mir nun an diesem feinfühligen Thomas von Aquin? Es ist seine Einstellung zur Lust und der Bedeutung, die er der Erfahrung von Lust für unser Leben und unsere Lebenszufriedenheit einräumt. Im Unterschied zu anderen Kirchenvätern, die Lust sehr schnell mit sexueller Begierde gleichsetzen und Lust deswegen negativ bewerten, sieht er Lust auch positiv.

Thomas beruft sich dabei auf die Sichtweise des Aristoteles, für den Lust Ausdruck von kreativem Tun ist (vgl. Grün 2012, 42). Wer ganz in seinem Tun aufgeht, der empfindet Lust. Denken wir an die Arbeit, die uns leichter von der Hand geht, wenn wir sie mit Freude und Lust angehen. Lust auf etwas zu haben, trägt zu einer Qualitätssteigerung unseres Lebens bei. Dabei meine ich nicht die Spaßgesellschaft, der das »Schluss mit lustig« entgegengeschleudert wird. Obwohl man auch hier vorsichtig sein und aufpassen muss, nicht zu schnell den moralischen Zeigefinger zu erheben. Lust gehört jedenfalls zum Leben. Einmal ist es die Lust auf Sex. Es kann aber genauso auch die Lust auf Gott oder die Lust auf ein gutes Essen sein. Lust bringt Lebendigkeit und Freude in unser Leben. Sie sprengt die Routine. Ich bin lieber mit Personen zusammen, die ein entspanntes Verhältnis zur Lust haben, im Unterschied zu Personen, für die Lust verpönt ist und die dementsprechend miesepetrig daherkommen.

Der Grund, warum Thomas die Lust positiv sieht, hat damit zu tun, dass die Erfahrung von Lust uns in die Gegenwart zurückbringt. Wenn wir Lust erfahren, sind wir so sehr davon eingenommen, dass wir in diesem Moment alles um uns herum vergessen. Ein kühles Bier an einem Sommerabend, eine wohltuende Massage, ein spannendes Buch, ein toller Gedanke, der uns anregt, darüber zu schreiben, ein wunderschöner Sonnenuntergang nach einem anstrengenden Arbeitstag, alles in uns ist in diesem

Augenblick darauf konzentriert. Wir genießen diesen Moment. Er erfüllt uns mit Freude. Das Leben schmeckt uns. Alles, was uns vielleicht gerade noch beschwert, ist in diesen Momenten wie weggeblasen.

Die Erfahrung von Lust versetzt uns in das Hier und Jetzt. Das aber macht es erst möglich, dass wir etwas voll auskosten können. Wollen wir also etwas so richtig genießen, müssen wir in der Gegenwart leben. Dann können wir die Fülle erfahren, nach der wir uns sehnen. Fülle meint nicht, möglichst viel zu erleben, sondern etwas ganz intensiv zu erfahren und auszukosten.

Lust, Freude, Vergnügen kommen und vergehen. Wir können sie nicht festhalten. Wir sollten es auch nicht versuchen, denn, so William Blake (Easwaran 2002, 114), wer versucht, sie an sich zu binden, der nimmt ihnen den Schwung. Wer sie dagegen im Flug küsst, der kann sie auskosten. Es bleibt uns nichts anderes übrig, als das zu akzeptieren und nicht ewig lange darüber traurig zu sein, wenn sie vergehen, oder sehnsüchtig darauf zu hoffen, dass sie in Zukunft wieder auftauchen. In dieser Zeit läuft uns die Gegenwart davon und damit die Möglichkeit, uns von der Lust im Flug küssen zu lassen. Wir verpassen sie schlicht. Wenn wir uns aber »weder an die Vergangenheit noch an die Zukunft klammern, leben wir völlig im Hier und Jetzt« (Easwaran 2002, 115), dann verpassen wir den Kuss nicht. Wenn wir im Hier und Jetzt leben, können wir alle Energie für die augenblickliche Erfahrung bündeln und dem, was wir gerade tun, unsere ganze Aufmerksamkeit schenken. Das setzt voraus, dass wir eines nach dem anderen tun und nicht drei Dinge zur gleichen Zeit. »Wenn du gehst, geh. Wenn du sitzt, sitz. Schwanke nicht hin und her«, sagt Buddha (Easwaran 2002, 232).

So werden wir die Person, der wir begegnen, erst dann ganz wahrnehmen, wenn wir ganz präsent sind, wenn ihr in diesem Moment unsere ganze Aufmerksamkeit gilt. Das wird nicht der Fall sein, wenn wir ihr nur flüchtig begegnen oder, während wir mit ihr zusammen sind, noch dieses und jenes tun. Dann werden wir sie nur bruchstückhaft wahrnehmen. Das gilt auch für andere Bereiche. Wenn wir uns einer Sache ganz widmen, wird sie für uns aussagekräftiger. Wenn wir, ohne uns von etwas ablenken zu lassen, Musik hören, werden die Töne wohlklingender. Die Farben der Bilder, die wir betrachten, werden intensiver (vgl. Easweran 2002, 82).

So gibt es eine Wechselwirkung zwischen Lust und dem Leben in der Gegenwart. Die Erfahrung von Lust versetzt uns in die Gegenwart. In der Gegenwart zu bleiben, schafft wiederum die Voraussetzung, um etwas genießen zu können. Wenn uns das Leben nicht mehr schmeckt, es uns nur noch Überdruss und Ekel bereitet, wir uns an nichts mehr freuen können, wir auf nichts mehr Lust haben, kann das ein Zeichen dafür sein, dass wir am Leben vorbeihetzen, nicht länger in der Gegenwart leben, die lustvolle Seite in unserem Leben zu kurz kommt. Dann ist es höchste Zeit, das Tempo zu drosseln und danach Ausschau zu halten, was uns Lust macht, damit uns das Leben wieder schmeckt und Freude bereitet.

Reflexion:
Würden Sie von sich sagen, dass Sie Lust am Leben haben? Wenn das zutrifft, was trägt dazu bei? Wenn es nicht zutrifft, Sie im Augenblick eher lustlos sind, Ihnen das Leben mehr Überdruss als Lust bereitet, was könnten die Gründe dafür sein? Was könnten Sie ändern? Was machen Sie gerne? Was macht Ihnen Spaß? Wann haben Sie das letzte Mal an etwas richtig Spaß gehabt? Was von dem, was Ihnen Lust macht, könnten Sie heute oder in den nächsten Tagen tun?

Unsere Duftnote einbringen

Damit uns unsere Arbeit und unser Leben schmecken, sie uns Lust und Freude bereiten, ist es wichtig, dass bei dem, was wir tun, wie wir leben, etwas von dem, was uns ausmacht, zu spüren und zu schmecken ist. Fehlt das, kann das dazu führen, dass uns unsere Arbeit und unser Leben nicht länger behagen. Wir verrichten dann unseren Dienst nach Vorschrift, leben vor uns hin. Unser Herz ist nicht länger an unserem Dienst, an unserem Leben beteiligt. Wir stumpfen ab.

Anders verhält es sich, wenn uns unsere Arbeit mit Sinn erfüllt und wir von unseren Überzeugungen, unserem Herzen, unserer Seele her unser Leben gestalten. Es verändert sich etwas, wenn wir unsere Duftnote in unsere Arbeit, unseren Geschmack in unser Leben einbringen. Wenn wir unsere ganze Farbenpracht entfalten können, vergleichbar der

Farbenpracht, die wir von den Federn eines Fasans her kennen. Wenn das möglich ist, macht uns unsere Arbeit Spaß. Haben wir Lust am Leben. Tragen wir zur Buntheit unseres Lebens bei.

Bleibt dagegen kein Spielraum, um unsere Einzigartigkeit bei unserer Arbeit und in unserem Leben entfalten zu können, vergeht uns mit der Zeit die Lust an der Arbeit und schließlich auch am Leben. Resignation, Traurigkeit, Depression machen sich breit. Wir haben das Gefühl, in einen Trott zu verfallen. An die Stelle von Buntheit und Kreativität treten Eintönigkeit und Routine. Wir kommen uns irgendwann wie Roboter vor, die mechanisch und seelenlos die vorgeschriebenen Abläufe verrichten. Wir haben zunehmend das Gefühl, gelebt zu werden statt zu leben und selbst unser Leben zu gestalten.

Tatsache ist: Wir müssen oft Jobs annehmen, auch wenn sie nicht unser Traumberuf sind. Wenn wir uns nicht in unserer Arbeit verwirklichen können, sollten wir schauen, wo wir außerhalb unserer Arbeit Erfüllung erfahren. Das können Hobbys, eine ehrenamtliche Tätigkeit oder andere Aktivitäten sein, die uns Spaß machen. Grundsätzlich kann uns helfen, uns nicht auf unseren Beruf zu reduzieren, und das nicht nur, wenn uns unser Beruf nicht zusagt. Wir können uns dann sagen: »Ich bin nicht nur die Krankenschwester oder der Pastoralreferent. Was mich ausmacht, ist mehr.«

Darüber hinaus sollten wir, wenn uns unsere Arbeit und unser Leben nicht mehr schmeckt, nicht so schnell aufgeben und schauen, ob wir ihnen vielleicht doch etwas abgewinnen können. Manchmal muss man solange bei der

Stille anklopfen oder die Stille aushalten, bis wir die Musik vernehmen. Wir stellen dann vielleicht nach einer Weile voller Staunen fest, dass nicht alles nur trist ist, nicht alle Farbe aus unserem Leben gewichen ist (vgl. Easwaran 2002, 135). Oder wir würdigen, dass wir dieser Arbeit nachgehen, damit unsere Familie gut leben kann, die Kinder studieren können. Wir sind dankbar für unsere Arbeit, da wir im Unterschied zu anderen eine sichere Arbeitsstelle haben.

»Ich bin einfach das, was ich bin, oder ich beginne es zu sein«, schreibt Henry David Thoreau (1996, 57) von sich. Sein wichtigster Grundsatz lautet: »Sei du selbst. Lebe dein eigenes Leben. Tu das, was du wirklich liebst« (ebd. 13). Es ist offensichtlich: Je mehr wir die sein können, die wir wirklich sind, je mehr wir uns in unserer Arbeit verwirklichen können, machen uns unsere Arbeit und unser Leben Spaß. Das wird nicht immer möglich sein, aber es sollte immer wieder möglich sein. Zumindest sollten wir nicht nachlassen, es immer wieder zu versuchen, wollen wir zufrieden sein und Erfüllung in unserem Leben erfahren.

»Wer den ganzen Tag eine Maske trägt, weil der Beruf das einfach einfordert, muss abends die Maske fallen lassen. Zu Hause darf Herr oder Frau Wichtig erschöpft sein, schwach, unsicher. Viele aber spüren sich nicht. Die Maske frisst sie auf. Wer dagegen zu Hause Kraft sammelt, wer verliebt ist, dem macht der Ärger im Büro nichts aus. Der ist resilient« (Dogs 2017, 28).

Das ist doch eine wunderbare Einladung, wenigstens dann, wenn wir zu Hause sind, uns gehen zu lassen. Uns nicht länger anzustrengen, jemand Bestimmtes zu sein, sondern einfach nur wir selbst. Wer die Kirche der Augustiner in Würzburg betritt, wird gleich am Eingang mit dem Augustinus-Zitat begrüßt: »Ich will, dass du bist.« Da, wo ich Ich sein darf, bin ich gerne, macht es mir Freude und Lust zu sein.

Reflexion:
Haben Sie einen Beruf, in dem Sie sich verwirklichen können? Welche Möglichkeiten sehen Sie, bei Ihrer Arbeit etwas von Ihrer Duftmarke zu hinterlassen? Wenn Sie sich nicht in Ihrem Beruf verwirklichen können, bei Ihrer Arbeit keine Duftmarken hinterlassen können, wo, meinen Sie, könnten Sie das, wonach es Sie verlangt, zum Ausdruck bringen? Wo meinen Sie in Ihrem Leben, in Ihrer Arbeit noch Farbe zu entdecken? Was könnte wieder mehr Buntheit in Ihr Leben bringen?

Unsere Lebenskraft zulassen

Wir dürfen unsere Einzigartigkeit nicht der Konformität, dem »Man«, opfern. Das engt uns ein, wir verlieren den Spaß und die Freude am Leben. Anders verhält es sich, wenn wir aus uns herausgehen können, unsere Lebenskraft sich entfalten kann. Im Spanischen kennt man den Begriff *duende*. Man spricht von *duende*, wenn wir bei einer Person in ihren Bewegungen, ihrem Auftreten, ihre Lebenskraft spüren. Diese Lebenskraft ist unverdorben. Sie ist voller

Feuer, sprengt alle Grenzen, setzt sich über Konventionen hinweg. Sie steht für Leben pur.

Eine Person, die das für mich verkörpert, ist Alexis Sorbas aus dem gleichnamigen Roman von Nikos Kazantzakis. Ganz lebendig ist mir aus der Verfilmung dieses Romans mit Anthony Quinn in der Hauptrolle die Szene in Erinnerung, in der Alexis Sorbas einen Sirtaki tanzt. Dieser Tanz explodiert am Ende in einer Ekstase, angefeuert von Musik, die es versteht, wie beim Liebesspiel langsam beginnend immer leidenschaftlicher zu werden, um schließlich unumkehrbar auf den Höhepunkt zuzutreiben. Das ist pures Leben und Lebendigkeit.

Damit das auch in unserem Leben geschehen kann, müssen wir uns, wie das im Tanz geschieht, bewegen. Es »braucht ein bisschen Verrücktheit«, meint Georgios Sorbas (2007, 41), den Nikos Kazantzakis in seinem Roman *Alexis Sorbas* verewigte. An die Adresse seines Freundes Nikos Kazantzakis gerichtet, meint Georgias Sorbas: »Du hast einen handfesten Verstand, er ist dein Verderben. Der Verstand ist ein Krämer, er führt Buch. Er sorgt immer für Reserven. Er schneidet die Leinen nicht ab, im Gegenteil, er hält sie fest in der Hand. Aber kannst du mir sagen, wonach schließlich das Leben schmeckt, wenn du die Leine nicht abschneidest? Nach Kamillentee, nicht nach Rum. Dir mangelt es an nichts, außer einem, das ist ein Stück Übergeschnapptheit.«

Wollen wir uns die Freude und die Lust am Leben nicht nehmen lassen, brauchen auch wir ein Stück Übergeschnapptheit. Wir tun das, wenn wir unsere Duende-Kraft entfalten, uns von ihr zum Leben ansporen lassen. Sie steht für unsere Leidenschaft, für unsere Sehnsucht nach Leben und Lebendigkeit. Sie ist die Quelle unserer Kreativität, der es darum geht, uns in dem, was wir tun, zu verwirklichen. Diese Duende-Kraft gibt es in jedem und jeder von uns, auch wenn sie manchmal nicht zum Zuge kommt, weil sie als negativ, als unschicklich eingestuft wird. Bei manchen ist sie in der Kindheit oder Jugendzeit ausgetrieben worden. »Mein Leben war eine einzige Ekstase«, schreibt Henry David Thoreau (1996, 86). In seiner Jugend, so erinnert er sich, war er ganz lebendig. Er empfand eine unbeschreibliche, grenzenlose, fesselnde, himmlische Lust am Leben.

Wird diese Lebenskraft durch unsere Erziehung, durch gesellschaftliche oder auch religiöse Einflüsse gebremst, bäumt sie sich zunächst auf und versucht Schlupflöcher zu finden, die es ihr ermöglichen, doch noch zum Zug zu kommen. Muss sie angesichts großer Widerstände, die sich ihr entgegenstellen, kapitulieren, lässt sie uns traurig zurück. Diese Lebenskraft darf aber nicht aus unserem Leben ausgebremst werden. Die Angst, sie könnte uns so sehr mit sich nehmen oder so sehr in ihren Bann ziehen, dass wir sie nicht mehr einfangen können, darf nicht dazu führen, sie einzusperren.

Wollen wir nicht die Lust am Leben verlieren, wollen wir ein erfüllendes Leben leben, dürfen wir nicht nur einen Bruchteil unseres Lebens leben, sondern müssen es wagen, unser Leben zu leben. Bis zum Schluss. Das ganze Leben. Alles, was das Leben ausmacht. Offen dafür, dabei immer wieder Neues zu entdecken, bisher ungelebte Seiten von uns zum Leben zu bringen. Wir nutzen dann das uns zum

Leben zur Verfügung stehende Potenzial, um schließlich am Ende unseres Lebens das Fest des Lebens, wie es Nikos Kazantzakis einmal formulierte, als ein wohlgesättigter Gast zu verlassen.

Auf die Frage »Wird man mit den Jahren gelassener?« antwortet der Popsänger Herbert Grönemeyer (zit. nach Fellmann 2015): »Die Gefühle, die Intensität der Wut, des Glücks, der Leidenschaft, all das legt sich nicht. Das wäre auch schade. Das ist ja der Trieb, der Antrieb! Zum Glück. Sonst könnte ich ja gleich die Kiste zumachen.«

Reflexion:
Sind Sie in Berührung mit Ihrer Duende-Kraft? Wo können Sie diese Kraft zulassen und ausleben? Wann haben Sie das das letzte Mal getan? Wenn Sie augenblicklich keine Freude, keine Lust am Leben spüren, kann das auch damit zu tun haben, dass Sie Ihre Duende-Kraft unterdrücken, glauben, dass es sich nicht gehört, sie zuzulassen? Was könnte Ihnen helfen, wieder einen Zugang zu dieser Kraft zu bekommen? Versuchen Sie doch einmal, eine beschwingte Musik abzuspielen, zum Beispiel *Zorbas's Dance Sirtaki*, und sich dazu zu bewegen. Lassen Sie sich dabei, ohne lange zu überlegen, einfach von der Musik mitnehmen. Das könnte eine Weise sein, mit Ihrer Duende-Kraft in Berührung zu kommen.

Ganz im Augenblick leben

In der Psychotherapie haben in den letzten Jahren zunehmend ein Denken und Praktiken Eingang gefunden, denen wir im Buddhismus begegnen. Insbesondere trifft das auf die Achtsamkeit zu, für die im Englischen der Begriff *mindfulness* gebraucht wird. Es meint unter anderem, unsere ganze Aufmerksamkeit auf das zu richten, was gerade in uns und außerhalb von uns geschieht. Dabei beschränken wir uns darauf, das, was gerade geschieht, ohne jede Wertung einfach nur wahrzunehmen. Wenn wir in der Gegenwart leben, können wir unsere ganze Aufmerksamkeit auf das konzentrieren, was wir gerade tun.

Die Praxis der Achtsamkeit trägt erheblich zur Stressbewältigung bei. Ganz in der Gegenwart zu sein, entlastet uns. Wie oft kommen wir nicht von Vergangenem los, weil wir noch in der Vergangenheit leben. Oder wie oft wagen wir nicht, ganz zu leben, weil wir Angst haben vor dem, was vielleicht passieren wird. Wir sind dann wie gelähmt, als wäre das, was wir befürchten, schon eingetreten. Dabei ist alles immer jetzt. Wenn wir uns das bewusst machen und ganz in der Gegenwart leben, belasten wir uns nicht länger mit etwas, was nicht mehr ist oder vielleicht einmal sein wird. Das aber entlastet uns. Wir können wieder tief durchatmen und uns an dem, was jetzt gerade ist, erfreuen.

Wenn es uns gelingt, ganz in der Gegenwart zu leben, steht uns unsere ganze Energie zur Verfügung. Wir können jetzt zu hundert Prozent in der Gegenwart sein. Leben wir aber zu hundert Prozent in der Gegenwart, sind wir auch zu hundert Prozent lebendig (vgl. Easwaran 2002, 73). Davon geht eine große Sicherheit aus. Auch macht es einfach Spaß, nicht nur einen Bruchteil von uns leben zu können, sondern bis zu hundert Prozent.

Wollen wir das Leben in Fülle erfahren, müssen wir ganz in der Gegenwart leben. Dabei kann uns helfen, immer nur eines nach dem anderen zu tun. Dem, was wir tun, unsere volle Aufmerksamkeit zu schenken. Wenn wir zum Beispiel, während wir anderen helfen, mit unseren Gedanken woanders sind, versagen wir uns möglicherweise die Freude und Erfüllung, die wir empfinden und erleben könnten, wären wir bei unserem Helfen innerlich beteiligt.

Wir müssen uns von der Vorstellung verabschieden, doch irgendwie alles gleichzeitig zu schaffen. Es schafft uns mit der Zeit, statt dass wir etwas auf Dauer Vernünftiges schaffen. Es lässt uns immer öfters unbefriedigt zurück, da wir gar nicht mehr in der Lage sind, innerlich mitzugehen mit dem, was wir tun. Wir verrichten dann nur noch etwas, funktionieren, doch es findet keinen Widerhall in uns. Auch bleibt keine Zeit, um eine Resonanz unseres Gegenübers wahrzunehmen.

Anders verhält es sich, wenn wir uns gestatten, zwischendurch innezuhalten, die Arbeit zu unterbrechen, eine Pause einzulegen. Wir nehmen uns dann die Träger eines Afrikaforschers zum Vorbild. Sie ließen sich zunächst durch zusätzliches Geld dazu bewegen, schneller zu gehen. Eines Abends setzten sie sich aber auf den Boden, legten das Gepäck ab und weigerten sich weiterzugehen. Auch durch noch mehr Geld ließen sie sich nicht dazu bewegen, weiterzumarschieren. Von dem Forscher nach dem Grund ihres Verhaltens befragt, antworteten sie, wir sind so schnell gegangen, dass wir nicht mehr so recht wissen, was wir tun. Darum warten wir, bis unsere Seele uns eingeholt hat.

Wenn unsere Seele uns eingeholt hat, sind wir voll da. Jetzt sind wir auch wieder empfänglich für das, was um uns geschieht. Wir können die Resonanz, die wir von dort erhalten, wahrnehmen, spüren. Wir sehen mit neuen Augen, können neu würdigen, was wir für alltäglich und selbstverständlich gehalten haben. Es ist eine Haltung, die im Buddhismus als Anfängergeist beschrieben wird. »Mit Anfängergeist putzt man sich jedes Mal die Zähne so, als ob man sich noch nie die Zähne geputzt hätte« (Steindl-Rast 2016, 103). Wir fangen jeden Tag von vorne an, offen dafür, was er uns bringen wird, und bereit, das Unsere dazu beizutragen. Wir gehen nicht in den Tag mit der Einstellung, ich weiß schon, was heute alles passiert, oder ich kenne das ja alles. Vielmehr tun wir so, als würden wir alles das erste Mal sehen. Das Neue besteht »in seiner frischen, klaren Wahrnehmung« (Thoreau 1996, 276). Genau darauf kommt es an: etwas frisch, unvoreingenommen, wahrnehmen. »Du möchtest gerne etwas wahrnehmen, aber dazu musst du dich gänzlich unvoreingenommen auf deinen Gegenstand einlassen. Du musst dir bewusst sein, dass kein Ding so ist, wie du angenommen hast« (Thoreau 1996, 260). Wir geben jedem Augenblick die Chance, dass geschieht, was geschehen soll. Und dass das noch einmal etwas anderes oder sogar ganz anderes sein kann, als wir meinen, dass es so ist oder so sein muss.

Mancher und manche, die das lesen, mögen sagen, lass mich doch in Ruhe mit diesen Einsichten. Doch wer die

Lust am Leben nicht verlieren will, wer neugierig bleiben und erfüllt leben will, wird die Worte beherzigen, die der König Tsching-Tschang auf seine Badewanne eingravieren ließ, damit er jeden Morgen daran erinnert wurde: »Erneuere dich selbst jeden Tag; tue es wieder und wieder und in Ewigkeit wieder« (Thoreau 1979, 96).

Wenn wir das tun, bekommen wir eine Ahnung davon, was es heißt, ein erfüllendes Leben – Leben in Fülle – zu leben. Es meint nicht, möglichst viel zu erleben, sondern das, was wir erleben, intensiv, bewusst, ganz gegenwärtig zu erfahren. Wir können dann unser Leben genießen, auskosten. »Ich lebe in der Gegenwart. An das Vergangene erinnere ich mich bloß, und das Zukünftige nehme ich vorweg. Ich liebe es zu leben«, schreibt Henry David Thoreau (1996, 57).

Hier und Jetzt ist ohnehin die einzige Zeit, in der wir leben. Diese Zeit aber sollten wir auskosten. Albert Einstein fordert uns daher auf: »Genieße deine Zeit, denn du lebst nur jetzt und heute. Morgen kannst du gestern nicht nachholen und später kommt früher, als du denkst.«

Reflexion:

Gelingt es Ihnen, ganz im Augenblick zu leben? Was hilft Ihnen dabei? Was hält Sie davon ab? Können Sie akzeptieren, dass unser Leben einfach seinen Lauf nimmt, Sie es nicht anhalten können? Wenn Sie sich an die Vergangenheit erinnern, ist diese vorüber. Sie ist Ihre Geschichte, die Sie mitbringen, aber Sie selbst sind im Jetzt. In jedem Augenblick wird ein Stück der Zukunft ihr Jetzt. Gelingt Ihnen diese Haltung, im Hier und Jetzt zu sein?

Oft machen wir verschiedene Dinge zur gleichen Zeit. So essen wir oft, während wir fernsehen, Musik hören, Auto fahren, am Computer sitzen usw. Versuchen Sie einmal, eines nach dem anderen zu tun, und das ganz bewusst zu tun. Fangen Sie an mit dem Essen. Versuchen Sie, wenn Sie etwas essen oder trinken, in dieser Zeit nichts anderes zu tun. Setzen Sie sich hin und genießen Sie, was Sie essen oder trinken. Öffnen Sie dabei alle Ihre Sinne. Achten Sie auf die Farben, die Form, die äußere Struktur, den Geruch und den Geschmack, wie es sich anhört, wenn Sie essen oder trinken (vgl. Bays 2014, 60).

Das Leben feiern und spielen

Es gibt in unserem Alltag vieles, bei dem es darum geht, dass es einfach funktioniert. Formale Abläufe sind praktisch oft auch notwendig. Sie müssen aber nicht unser ganzes Leben bestimmen. Die Lust am Leben und die Lust an der Arbeit vergehen uns, wenn Routine sich einschleicht und alles eintönig wird. Ich kann es daher gut verstehen, dass viele sich danach sehnen, nach der Arbeit endlich die Routine hinter sich zu lassen und Orte aufzusuchen, an denen sie durchatmen und sich entspannen können.

Wie gut ist es da, wenn unser Alltag immer wieder unterbrochen wird, zum Beispiel durch Feiern. Kennzeichen für Feiern sind unter anderem Mühelosigkeit und Nichtaktivität (vgl. Pieper 1995). Im Feiern zeigt sich nach Aristoteles das Göttliche im Menschen. Dem sollten wir mehr Raum geben und Beachtung schenken. Stattdessen »bremsen und unterdrücken wir das Göttliche, das sich in uns regt« (Thoreau 1996, 109).

Etwas feiern, etwas feierlich begehen, kann unterschiedlich verstanden werden. Es gibt eine getragene Feierlichkeit und ein leichtes, fröhliches, beschwingtes Feiern. Da ist die getragene Feier anlässlich eines Gedenktages, umrahmt mit Chorgesängen und Konzertklängen. Dort gibt es die ausgelassene Party anlässlich einer Geburtstagsfeier.

Ich verbinde mit Feiern die beschwingte, leichte, tänzerische Form des Feierns, die sich von einer Feierlichkeit unterscheidet, die etwas Schweres, manchmal auch Lähmendes, an sich hat. Wenn wir feiern, treten wir aus uns heraus. Wir verlassen den üblichen, alltäglichen Trott. Wir unterbrechen die Routine. Wir würdigen darin eine Seite von uns, der es danach verlangt, etwas hervorzuheben, damit aber auch uns herauszuholen und emporzuheben aus dem Alltäglichen. Ja, wir geben der göttlichen Seite in uns die Chance, sich zu zeigen und zu entfalten.

Also, schauen wir, dass wir nicht nur funktionieren, sondern dass wir auch das Feiern nicht verlernen und unser Leben feiern. Das kann schon damit beginnen, wie wir essen und trinken. Wir können das Essen herunterschlingen oder das Essen und Trinken zelebrieren. Wir können Sex haben oder sexuelle Erfahrungen machen, die wir als ein wunderbares und einzigartiges Fest erleben. Wir können einfach durch die Gegend rennen oder aber den Gang durch die Natur als eine Flurprozession verstehen, bei der unser Herz geöffnet wird. Wir tauchen voller Dankbarkeit in die uns umgebende Natur ein. Es ist wie ein Fest, an dem wir teilnehmen dürfen und die erfahrene Verbundenheit mit der Schöpfung feiern.

Feiern hat auch etwas von Spielen an sich. Ich will damit nichts erreichen. Es ist zweckfrei. Es ist ein heiliges Nichtstun und gerade darin so kostbar und erfüllend. Wir brauchen diese Zeiten heiligen Nichtstuns, die uns daran erinnern, dass wir vor allem Tun einfach *sind* und dass es das Entscheidende *ist*, für das wir nie genug dankbar sein können. Gönnen wir uns diese Zeiten heiligen Nichtstuns, tragen wir damit auch zur Lust am Leben bei. Denn, um ausgeglichen leben zu können, ist es wichtig, die spielerische Seite in unserem Leben nicht weniger ernst zu nehmen als die Seite, bei der es um die Arbeit, die Pflicht geht.

Das hören jene nicht gerne, die meinen, man müsse sich für die anderen aufopfern, ganz in der Arbeit aufgehen. Die Erfahrung zeigt, dass man dabei tatsächlich sich aufgibt und die notwendige Verantwortung für das eigene körperliche, seelische und spirituelle Wohlergehen nicht länger wahrnimmt. Natürlich können wir nicht nur feiern und spielen. Aber wir dürfen das Feiern und Spielen nicht ganz der Arbeit und der Pflicht opfern. Es gibt auch so etwas wie ein »Zeitvergeuden aus Verantwortung«. Es ist also gut, sich Zeit dafür zu nehmen, alles hinzulegen, den Fernseher und das Smartphone abzustellen und zu lauschen: auf den Wind, den Regen, die Vögel, den eigenen Atem, auf Gott in der Tiefe des eigenen Herzens oder das Geheimnis, das uns umgibt (vgl. Schellenberger 1991, 105f).

Genau dazu fordert uns auch Henry David Thoreau (1979, 208) auf, inspiriert, wie er schreibt, von seinem guten Geist: »Geh, fische und jage, Tag um Tag, weit und breit, weiter und weiter, und ruhe sorglos aus bei vielen Bächen, an manchem Herd! Gedenke deines Schöpfers in den Tagen deiner Jugend! Stehe auf vor dem Morgenrot und gehe frohen Mutes dem Kommenden entgegen! Lass dich am Mittag an anderen Seen finden, sei daheim, wo auch die Nacht dich überrascht – überall! Es gibt keine weiteren Fluren als hier, keine schönere Unterhaltung, als du hier zu finden vermagst. Wachse wild, wie deine Natur es verlangt, wie dieses Schilf, diese Farnkräuter, welche niemals zu englischem Heu werden! Lass den Donner rollen [...], suche Schutz unter der Wolke und lass die anderen zu Wagen und Schuppen fliehen! Mach deinen Lebensunterhalt nicht zur Arbeit, sondern zum Spiel. Genieße das Land, doch besitze es nicht!«

So mancher und manche würden es Henry David Thoreau gerne nachmachen, sehen sich aber nicht dazu in der Lage angesichts ihrer Alltagssituation, die ihnen das verwehrt. Doch wenn wir ein erfüllendes Leben leben wollen, wenn wir wollen, dass uns nicht die Puste ausgeht und die Lust am Leben und an der Arbeit verlässt, muss es in unserem Leben und Alltag auch Zeiten geben, in denen wir spielen, etwas feiern oder einfach nichts tun.

»Müßiggang ist aller Laster Anfang« heißt ein Sprichwort. In dem Wort Müßiggang steckt das Wort Muße. Muße ist die Zeit, die wir nach eigenem Wunsch nutzen können. Für die Griechen war die Muße ein Innehalten, um das Eigentliche zu bekommen und den inneren Reichtum der Seele zu entdecken. Sie ist ein Kennzeichen des freien Menschen, der nicht unter der Sklaverei der Arbeit steht, sondern, so Joseph Pieper, sich Zeit lässt, die Dinge sein lässt. Der nicht eingreift und zupackt, loslässt, sich loslässt – fast wie ein Schlafender.

Unser Leben und unser Alltag werden dadurch reicher, unser Leben erfüllter. Wir gehen nicht nur zielstrebig durchs Leben, so sehr es wichtig und notwendig sein kann, strebsam einem Ziel nachzugehen. Wir vergessen dabei aber nicht zu leben und dass zum Leben mehr, viel mehr gehört, als erfolgreich zu sein. Henry David Thoreau (1979, 193) sagt von sich: »Ich war reich, wenn auch nicht an Geld, so doch an sonnigen Stunden und Sonnentagen, ich gab sie aus mit offener Hand. Auch bedauere ich nicht, dass ich nicht mehr von ihnen auf dem Katheder und in der Werkstatt verschwendete.« Weiter meint er: »Die Kinder, die das Leben *spielen*, erfassen seine wahren Gesetze und Beziehungen richtiger als die Erwachsenen, die nicht fertigbringen, es würdig zu leben, sich aber durch Erfahrung, das heißt: das Fehlschlagen ihrer Pläne, für weiter halten« (ebd. 103).

Reflexion:

Was verbinden Sie mit feiern? Wann haben Sie das letzte Mal etwas gefeiert? Nikos Kazantzakis sagt von sich, dass er das Fest des Lebens als wohlgenährter Gast verlassen möchte. Was wollten Sie noch erleben, um das von sich sagen zu können? Etwas miteinander zu feiern oder miteinander spielen und dabei Gemeinschaft erleben, erzeugt eine Resonanz, die uns guttut. Überlegen Sie, wo Sie in Ihrem Umfeld, in Ihrer Familie oder im Freundeskreis etwas miteinander spielen könnten, statt die Zeit vor dem Fernseher oder mit dem Laptop oder iPad zu verbringen.

Mit Leib und Seele leben

Wollen wir Lust am Leben haben und verhindern, dass uns die Lust dazu vergeht, müssen wir darauf schauen, dass es uns gut geht. »Hauptsache, mir geht es gut!« Diese Feststellung von Elmar Gruber hat nichts mit überzogener Selbstliebe zu tun. Vielmehr ist genau das die Voraussetzung dafür, dass wir anderen Gutes tun können. Damit es uns aber gut geht, müssen wir gegenüber unserer Seele und unserem Leib achtsam sein. Beiden muss die gleiche Aufmerksamkeit geschenkt werden. Das aber heißt, dass die Seele nicht über dem Körper steht, sie nicht wichtiger oder wertvoller ist als er. Das ist wichtig zu beherzigen, da eine Überbewertung der Seele zu einer Vernachlässigung des Körpers führen kann. »Wir sind keine Engel, sondern wir haben einen Körper«, pflegte Teresa von Ávila (Bielecki 1994, 17) zu sagen. »Zu ersehnen, Engel zu sein, während wir auf der Erde leben, ist schlicht Dummheit«, fährt sie fort.

Sehr treffend kennzeichnet Henry David Thoreau (1996, 35) die Beziehung von Seele und Körper, wenn er schreibt: »Unser Leben ist Seele, die sich durch ihre Früchte, den Körper, zu erkennen gibt. Die ganze Pflicht des Menschen kann in einer Zeile ausgedrückt werden: Schaffe dir einen vollkommenen Leib«. Der Benediktiner Meinrad Dufner sagt daher ganz bewusst: »Seele ist Körper.« Die

Seele scheint durch unseren Körper hindurch, ist ohne unseren Körper nicht zu denken. Ohne unseren Leib wäre unsere Seele heimatlos. Sie ist ein Teil unseres Körpers, lebt in und durch unseren Körper. Unsere Seele will in unserem Körper zum Ausdruck kommen.

Also müssen wir auf unseren Leib und unsere Seele achten, zumal es eine Wechselwirkung gibt zwischen dem Wohlbefinden unseres Leibes und dem unserer Seele. So hat es positive Auswirkungen auf unsere Seele, wenn wir achtsam mit unserem Leib umgehen, und entsprechend schlechte Auswirkungen, wenn wir lieblos mit unserem Leib umgehen. »Wenn der Leib fett wird, schwächt das die Seele«, sagt die heilige Teresa von Ávila. Geht es uns seelisch gut, wirkt sich das entsprechend positiv auf unser körperliches Befinden aus. Geht es uns seelisch schlecht, zeigt sich das in der Regel auch in entsprechenden körperlichen Reaktionen.

»Essen und Trinken hält Leib und Seele zusammen«, sagen wir. Wie so oft bei Sprichwörtern steckt auch in diesem Sprichwort eine Wahrheit. Unser psychisches Leben bedarf, um Leben spendend und erfüllend gelebt werden zu können, eines Leibes, der gesund ist. Manchen ist das nicht bewusst. Sie beuten ihren Körper aus, verlangen ihm mehr ab, als er zur Verfügung hat. Als Folge davon ermüdet ihr Leib, der sich sträflich vernachlässigt fühlt, und ihre Seele meldet sich in Depressionen, Angstzuständen, Niedergeschlagenheit. Für die Erfahrung von Freude und Lust am Leben ist dann kein Platz mehr.

Um Lust am Leben zu spüren, brauchen wir unseren Körper. Wenn Teresa von Ávila schreibt, dass die Seele recht betrachtet im Gnadenstand nichts anderes ist »als ein Paradies, in dem Gott seine Lust hat« (Lorenz 1999, 170), kann man sich die Seele nicht losgelöst von unserem Körper vorstellen. Hier gilt die alte Erkenntnis der Kirchenväter: *Caro cardo salutis* – der Leib ist das Eingangstor zum Heil.

Wir müssen also nicht auf die leiblich sinnliche Lust verzichten, um ein erfüllendes Leben leben zu können. Vielmehr gehört sie dazu, wollen wir ganz leben. Thomas von Aquin sieht die Lust an Gott und die Lust an irdischen Dingen zusammen. Denn: »Die Gnade setzt ja die Natur voraus. Der rechte Umgang mit der Natur, mit den natürlichen Trieben, mit der natürlichen Lust bereitet uns für die Gnade. Auch die Lust am guten Essen und Trinken ist Ausdruck der Lust an Gott« (Grün 2012, 44). Der Mystiker Francisco de Osuna spricht vom spirituellen Geschmack oder dem Geschmack an Gott. So gesehen können lustvolle Erfahrungen dazu beitragen, Geschmack, ja Lust auf Gott zu bekommen.

Wir haben nicht einen Körper oder Leib. Wir sind Leib. Wir haben nicht eine Seele. Wir sind Seele. Wir sind Leib und Seele. Wenn wir uns dessen bewusst sind, verändert sich etwas in unserer Beziehung zu uns selbst und unserem Verhalten uns selbst gegenüber. Wir fühlen uns verantwortlich für unseren Leib und unsere Seele. Die Verantwortung zeigt sich in der Sorge um unseren Leib und unsere Seele. Wir identifizieren uns mit unserem Leib und unserer Seele und ermöglichen damit, zu ihren Agenten zu werden. Wir befreunden uns mit ihnen, sodass sie uns vertraut werden. Mit Leib und Seele leben heißt dann für uns, so zu leben, dass unser Leib und unsere Seele, also wir, Freude und Lust am Leben haben und spüren.

Reflexion:
Welches Verhältnis haben Sie zu Ihrem Körper? Gehen Sie gut und achtsam mit ihm um oder vernachlässigen Sie ihn? Wenn Sie ihn vernachlässigen, was könnten Sie für sein Wohlbefinden tun? Was tut Ihnen gut? Was bereitet Ihnen Freude und Lust? Welches Verhältnis haben Sie zu Ihrer Seele? Wie schauen Sie darauf, dass es Ihrer Seele gutgeht? Was tut ihr gut? Sind für Sie Seele und Leib zwei voneinander unabhängige Teile oder kann man sie Ihrer Meinung nach nicht voneinander trennen?
Tragen Sie Sorge für Ihren Körper, indem Sie gesund leben, nicht rauchen, maßvoll trinken und essen. Kommen Sie in Berührung mit Ihrem Körper, indem Sie sich regelmäßig bewegen. Das kann durch Jogging oder Spazierengehen geschehen, gleich in der Frühe oder am Abend; einen kurzen zehnminütigen Spaziergang in der Mittagspause; einmal, noch besser zweimal in der Woche schwimmen, ab und zu tanzen. Schenken Sie auch immer wieder Ihrer Seele Aufmerksamkeit und dem, was sie braucht, was ihr Freude bereitet.

Dem Rhythmus der Natur folgen

»Mein Puls muss mit der Natur schlagen. Nach einem harten Arbeitstag ohne einen Gedanken, einem Tag, an dem ich mein Gehirn zu einem bloßen Werkzeug gemacht habe, erholen meine Sinne sich erst in der Stille des Abends wieder, sodass ich die Grille vernehme, die schon den ganzen Tag gezirpt hat«, schreibt Henry David Thoreau (1996, 82). Vor über 150 Jahren hatte er die Zivilisation hinter sich gelassen und über ein Jahr lang in einer Hütte, mitten in einem Wald in der Nähe eines Sees, gelebt. In seinem Buch *Walden oder Leben in den Wäldern* (1979) und in seinen Tagebüchern (1996) berichtet er davon, wie ungemein schön, ja einzigartig die direkte Begegnung mit der Natur, dem Natürlichen und Einfachen sein kann. Für ihn geht von der erfahrenen Verbundenheit mit unseren Mitgeschöpfen, den Tieren, und unserer Schwester Schöpfung, den Pflanzen, der Erde, dem Wasser, der Sonne und dem Himmel etwas Wohltuendes und Heilendes aus.

Für viele Menschen hat die Natur etwas Faszinierendes an sich. Sie ziehen sich immer wieder in sie zurück, machen dort Urlaub, saugen sich voll von der Schönheit, die sie dort erleben dürfen. »Wir brauchen seelische Nahrung«, meint C. G. Jung (1994, 58). »Man findet sie nicht in Mietskasernen, wo keine grüne Matte, kein blühender Baum zu sehen ist. Wir brauchen auch eine ständige Verbindung mit der Natur.«

Wir können uns nicht alle wie Henry David Thoreau in eine Hütte zurückziehen. Auf der anderen Seite würde unsere seelische und körperliche Gesundheit davon profitieren, würde unser Puls mit der Natur schlagen, unser Lebensrhythmus mehr der Natur folgen. Den lernen wir aber am besten kennen, wenn wir uns in der Natur aufhalten und uns dabei von ihrem Rhythmus anstecken lassen. So gehen viele Menschen in den Wald, um die Stille und Erholung, die sie dort erfahren, zu genießen. Waldbaden nennt man das und meint damit ein bewusstes Verweilen im Wald (vgl. Peikert 2017, 17).

Unsere Wirklichkeit sieht in der Regel so aus, dass wir oft mit einem Arbeitstempo Schritt halten müssen, das nicht dem Rhythmus der Natur und dem unseres Herzens entspricht. Es ist nicht leicht, uns daraus zu befreien. Wir können nicht die ganze Zeit in der Natur verbringen. Auch wissen wir die Vorteile der Zivilisation durchaus zu schätzen und wollen sie nicht wirklich missen. Dennoch kann es nur gut sein und dazu beitragen, ein erfüllendes Leben zu führen und dem inneren Ausbrennen zu entgehen, wenn wir uns wenigstens immer wieder einmal in den Rhythmus der Natur einklinken.

Wir kümmern uns daher darum, dass die Balance zwischen Naturseite und Zivilisationsseite wieder mehr stimmt. Die Naturseite kommt bei der Ausübung unseres Berufes oft zu kurz. Das aber – davon bin ich überzeugt – schadet auf Dauer unserer Seele.

»Nicht in der Gesellschaft, sondern in der Natur findest du Gesundheit. Du musst mit Feld und Wald Umgang pflegen, wenn du eine Gesundheit in Gemüt und Geist aufnehmen willst, wie du sie für deinen Körper begehrst«, schreibt Henry David Thoreau (1996, 49). Der Psychologe Ludwig Klages schrieb im vorigen Jahrhundert ein Buch mit dem Titel *Der Geist als Widersacher der Seele*. Darin weist er auf die Gefahr hin, die in einem von der Technik – als Kind des Geistes – vorgegebenen Rhythmus für die Gesundheit unserer Seele liegen kann. Die Seele, die wir nicht von unserem Körper trennen können, wird überfordert. Wir fühlen uns in ein Gefüge hineingezwängt, das uns seelisch und körperlich nicht guttut. Die Zunahme von Burnout, die Menschen zwingt, ihre Arbeit zu unterbrechen und sich eine Auszeit zu gönnen, ist ein Beleg dafür. Begeben wir uns in die Natur, spüren wir oft sehr schnell, wie wir entspannen.

»Die Natur beeilt sich nie. Ihre Triebwerke drehen sich mit gleichmäßiger Geschwindigkeit. Die Knospe schwillt unmerklich, ohne Hast und Verwirrung«, schreibt Henry David Thoreau (1996, 33). »Warum soll dann der Mensch in Eile sein?«, fragt er. »Wenn die sinkende Sonne ihn scheinbar antreibt, den Tag zu nützen, solange er währt, wird das Zirpen der Grillen, im gleichmäßigen Takt wie von jeher, ihn unweigerlich beruhigen und ihn lehren, sich von jetzt an immer Zeit zu lassen.«

Also »Zurück zur Natur«, wie uns Jean-Jacques Rousseau in seinen autobiografischen Betrachtungen *Träumereien eines einsamen Spaziergängers* zuruft? Das wäre übertrieben. Doch immer wieder uns einzuschwingen in den Rhythmus der Natur, das kann uns, unserem Leib und unserer Seele, nur guttun. Wir richten uns dann auch wieder mehr nach dem Pulsschlag unseres Herzens, den wir nicht ungestraft auf Dauer außer Acht lassen können.

Reflexion:
Wie sieht es bei Ihnen aus? Orientiert sich der Takt, nach dem Sie leben, an der Natur oder an Ihrer Arbeit? Was tun Sie, um wieder mehr gemäß dem Rhythmus der Natur zu leben? Wie geht es Ihnen, wenn Sie sich vorstellen, sich einfach in den Rhythmus der Natur einklinken zu können?
Atmen Sie ein paar Mal ganz bewusst ein und aus. Lassen Sie sich von diesem einfachen Ein- und Ausatmen anstecken. Sagen Sie sich: Es ist gut so. Im Moment muss ich nicht mehr leisten. Ich atme nur ein und aus und spüre dabei, dass ich bin. Und das genügt mir im Moment.

Gipfelerfahrungen machen

Es gibt Erfahrungen, die uns schier überwältigen. Man denke zum Beispiel an die Erfahrung, die wir angesichts eines Sonnenaufgangs machen. Plötzlich erscheint die Sonne und taucht den Himmel in ihr einzigartiges Licht ein. Es ist der Moment, so würde es der Mystiker Thomas Merton beschreiben, in dem über allem eine unbeschreibliche Unschuld liegt. Alles in uns ist von diesem Ereignis eingenommen.

Solche Erfahrungen nennt der Psychologe Abraham Maslow Gipfelerfahrungen. Zu ihnen zählt er auch gute Musik, Tanzen und sexuelle Erfahrungen. Auch eine tiefe Begegnung mit der Natur oder das Miterleben der Geburt eines Kindes können solche Gipfelerfahrungen sein. Mystische oder numinose Erfahrungen können als Gipfelerfahrungen erlebt werden. Sie lösen eine starke und eine einzigartige Resonanz aus, die uns tief berührt (vgl. Rosa 2013, 29). Denken wir zum Beispiel an die Atmosphäre in einem Fußballstadion, die bei manchen eine geradezu numinose Resonanzerfahrung bewirkt.

Eine Gipfelerfahrung kann sehr heftig und stürmisch sein, wie wir es zum Beispiel in der sexuellen Begegnung erleben. Man spricht dann auch von einer dionysischen Ekstase. Bei der sogenannten ozeanischen Ekstase, die eher ruhig verläuft, bewegt uns etwas sehr tief. Denken wir zum Beispiel an das Gefühl von Erhabenheit, das uns angesichts eines Sonnenuntergangs in einer Gebirgslandschaft ergreifen kann.

Solche Gipfelerfahrungen stellen eine große Bereicherung für unser Leben dar. Leider kommen sie im Alltag oft zu kurz. Dabei können sie entscheidend mit dazu beitragen, dass uns die Freude und die Lust am Leben nicht vergehen, Lustlosigkeit sich in uns und um uns herum ausbreitet. Wir sollten daher danach Ausschau halten, wo wir in unserem Alltag Gipfelerfahrungen machen können, bei denen wir aus dem üblichen Trott heraustreten. Wir erleben dabei eine Qualität von Leben, die uns bereichert und erfüllt. Wir machen Erfahrungen, die sich von den alltäglichen Erfahrungen unterscheiden und dadurch einen besonderen Wert erhalten. Diese Erfahrungen sorgen für einen Ausgleich zu unserem alltäglichen Leben.

Wir sind dann voller Staunen ganz eingenommen von dem Wunder eines Sonnenaufgangs. Wir kennen Momente, in denen wir in der Erfahrung des Numinosen, das uns fasziniert und zugleich in Schrecken versetzt, vom Heiligen berührt werden. In der Erfahrung der sexuellen Ekstase öffnet sich für uns für einen Augenblick der Himmel, schwankt die Erde. In seinem Buch *Ekstatische Konfesssionen* schreibt Martin Buber (2013, 187): »Wenn ein Mensch die ganze Lehre und alle Gebote erfüllt hat, aber die Wonne und das Brennen hat er nicht gehabt, wenn er stirbt und hinübergeht, öffnet man ihm das Paradies, aber weil er in der Welt die Wonne nicht gefühlt hat, fühlt er auch die Wonne des Paradieses nicht.«

Es sind oft Erfahrungen von kurzer Dauer. Sobald die Sonne aufgegangen ist, ist es vorbei mit dem atemberaubenden Panorama, das uns gerade noch in Staunen versetzte. Die Ergriffenheit, die wir gerade noch bei einem Konzert erfahren haben, die erhabenen Gefühle, die wir im Fußballstadion erlebt haben, verschwinden, sobald das Konzert zu Ende gegangen ist, wir das Fußballstadion verlassen haben. Die Ekstase, die uns in einen Rausch versetzt hat, weicht vielleicht einer Tristesse. Die Gipfelerfahrungen werden abgelöst von der Nüchternheit, von der in der Regel unser Alltag geprägt ist. Das ist eine Realität, die man nicht beschönigen sollte und die einfach auch zur Wirklichkeit unseres Lebens gehört. Doch warum sollte es nicht Momente und Phasen in unserem Alltag geben, die sich davon unterscheiden? Augenblicke, in denen wir etwas erleben, das sich von dem Üblichen unterscheidet, in denen wir von etwas ergriffen und zutiefst berührt werden, wir tiefer sehen, als wir es sonst tun.

In der humanistischen Psychologie ist viel von dem sich selbstverwirklichenden Menschen die Rede. Ein Kennzeichen von ihm ist die Fähigkeit, staunen zu können. Das macht es ihm möglich, die grundsätzlich schönen Dinge des Lebens mit Lust, voller Bewunderung und sogar ekstatisch zu erfahren. Für einen solchen Menschen ist, so Abraham Maslow (vgl. 1994, 194), einer der Pioniere der humanistischen Psychologie, jeder Sonnenuntergang so schön wie der erste, jede Blume von atemberaubender Lieblichkeit, auch nachdem er eine Million Blumen gesehen hat.

Das Staunen kann übergehen in das Ergriffensein bis hin zur Erfahrung von Ekstase, wenn wir aus uns heraustreten. Das meint die deutsche Übersetzung des aus der griechischen Sprache stammenden Wortes Ekstase – aus sich heraustreten. Wer die Fähigkeit zum Staunen und zur Ekstase besitzt, verfügt über die Fähigkeit zu mystischen Erfahrungen, bei denen wir das Gefühl haben, zugleich mehr mächtig und mehr hilflos zu sein als wir es jemals zuvor erlebt haben. Wir fühlen uns der Zeit und des Räumlichen enthoben und sind davon überzeugt, dass etwas ganz Wichtiges und Wertvolles geschieht (vgl. Maslow 1994, 195).

Der Mystiker Thomas Merton rief inmitten einer belebten Straße von Louisville aus: »Ach, könnten die Menschen doch sehen, dass sie alle wie strahlende Sonnen durchs Leben gehen.« In der Regel wird es uns nicht so ergehen wie Thomas Merton, der für einen Moment in einer Art mystischen Schau die innere Schönheit des Herzens seiner Mitmenschen »sehen« durfte. Doch wir können offen dafür sein, dass unsere Augen tiefer sehen können. Dafür, dass wir, wie der Mystiker Thomas Traherne (1996, 59), Straßen »sehen«, die mit Gold gepflastert sind und auf denen Jungen und Mädchen spielen, die wie Engel aussehen. Wir werden die Schönheit der Welt um uns herum entdecken, die uns wie ein Spiegel unendlicher Schönheit erscheint, als das Paradies Gottes, die Stätte der Engel und das Tor des Himmels.

Ich weiß, das klingt sehr romantisch und wirklichkeitsfern. Dennoch sollten wir es versuchen. Wie viel schöner und erfüllender wäre unser Leben und unser Alltag, wenn wir in unseren Mitmenschen die Schönheit ihres Herzens sehen würden, angefangen bei unserer Partnerin oder unserem Partner, den Menschen, denen wir jeden Tag begegnen, mit denen wir arbeiten, bis hin zu den Menschen, die wir als Fremde bezeichnen. Es wäre eine große Bereicherung für unser Leben, dann würde unsere Freude und Lust am Leben steigen. Wir würden eine Erfahrung machen, eine Resonanz erleben, die uns zufrieden macht und sättigt. Wir müssten nicht länger uns abhetzen auf der Suche nach Erfüllung, da wir in diesen Momenten diese ersehnte Erfüllung erfahren dürfen.

Reflexion:

Kennen Sie Momente, in denen Sie etwas erleben, das Sie aus dem üblichen Trott heraustreten lässt? Wann haben Sie das das letzte Mal erlebt? Was könnten Sie tun, um wieder mehr solcher Erfahrungen zu machen? Wann haben Sie das letzte Mal so richtig staunen können? Was versetzt Sie in Staunen?

TEIL II

… damit wir nicht auf der Strecke bleiben

»Sie müssen sich eine Auszeit gönnen.« Das hören wir oft, wenn jemand ausgebrannt ist. Es gibt viele Möglichkeiten, eine Auszeit zu gestalten. Für den einen ist es der Aufenthalt in einem Wellness-Hotel, für eine andere eine Auszeit in einem Kloster, wieder andere pilgern oder ziehen sich für mehrere Wochen an einen einsamen Ort zurück. Allerdings hält ihre Wirkung in der Regel nur für eine kurze Zeit an, denn viele klinken sich nach der Auszeit wieder in den alten Tagesablauf ein und fallen mit der Zeit wieder in den gewohnten Trott zurück.

Das erinnert mich an eine in Afrika offensichtlich verbreitete Praxis, den Legehennen für eine Weile eine Auszeit zu gönnen, damit sie danach wieder voll einsatzfähig sind. Soll die Auszeit nachhaltig sein, die erfolgte Erholung nicht gleich wieder verpuffen und lediglich bewirken, dass die beklagte hohe Geschwindigkeit weiterhin möglich ist (vgl. Rosa 2017, 362), muss sich etwas ändern, oder besser, müssen wir etwas ändern.

Wir müssen erkennen, dass es notwendig ist, angemessen für uns selbst zu sorgen. Diese Erkenntnis muss so tief im Kopf und im Herzen verankert sein, dass sie nicht mehr hinterfragt werden kann. Denn erst wenn wir das für uns klar erkannt haben und innerlich voll dahinterstehen, werden wir in der Lage sein, allen inneren und äußeren Forderungen, die von uns auf Dauer mehr erwarten als wir leisten können, ein klares »Nein« entgegensetzen zu können.

Unterstützung werden wir dabei erfahren, wenn wir herausfinden, was uns helfen kann, nicht wieder auf der Strecke zu bleiben; wie wir unser inneres Feuer hüten können; wo unsere Fallen sind und was wir dagegen tun können, um nicht wieder in einen ungesunden Rhythmus zu verfallen.

Unser inneres Feuer hüten

Solange wir Lust am Leben haben, brennen wir innerlich. Ich glaube, die meisten von uns merken oder spüren, ob eine Person brennt. Ich meine damit, ob sie zum Beispiel mit Begeisterung etwas vorträgt, sich für etwas einsetzt oder aber eher lustlos und desinteressiert einer Aufgabe nachgeht. Da müssen nicht immer die Funken sprühen, aber man merkt, die Person macht das gerne, es macht ihr Spaß, sie steht hinter dem, was sie sagt und tut. Für sie gilt, was Wassily Kandinsky über die Beschaffenheit eines Bildes schreibt: »Ein Bild muss klingen und von einem inneren Glühen durchdrängt sein.« Im Unterschied zu jemandem, der lieblos seine Sachen herunterleiert, Dienst nach Vorschrift macht, das Ganze möglichst schnell hinter sich bringen will. Da ist nichts von Lust und Freude zu spüren.

Bei einer Person, die innerlich brennt, denke ich an den Seelsorger, der eine gut vorbereitete Predigt vorträgt. Beim späteren Austausch über seine Predigt ist er an den Rückmeldungen der anderen und ihren Ideen echt interessiert. Er nimmt sich die Zeit dafür. Für ihn trifft zu, was Augustinus fordert: »In dir muss brennen, was du in anderen entzünden willst.« Ganz anders verhält es sich bei dem Pastor, der die Predigt für seinen Gottesdienst gegoogelt hat – woher soll er auch die Zeit dafür nehmen, eine eigene Predigt zu schreiben? – und der, kaum ist der Gottesdienst zu Ende, zum nächsten Gottesdienst hetzt. Hoffentlich, so denkt er, spricht mich nicht noch jemand an und raubt mir dadurch kostbare Minuten.

Oder mir fällt die Krankenschwester ein, die sich Zeit nimmt, die Wunde zu versorgen, dabei dem Patienten zugewandt ist, ihn fragt, wie es ihm geht, und ihm am Schluss noch ermutigend kurz die Hand auf die Schulter legt. Ein Gegenbeispiel ist der Arzt, der bei der Visite kaum von dem Patienten Notiz nimmt, an dem er auch nicht wirklich interessiert ist, da er in Gedanken schon bei den Operationen ist, die ihm noch bevorstehen.

Das sind nur einige Beispiele für Personen und Situationen, die zeigen, wie es sein kann, wenn jemand innerlich brennt, seine Arbeit gerne tut, bei seiner Arbeit präsent ist, und wie es aussieht, wenn jemand nicht oder nicht mehr brennt, das innere Feuer erloschen ist. Diese Personen mögen nicht völlig ausgebrannt sein, aber ihr Feuer ist fast erloschen und es fehlt nicht viel, bis es ganz erloschen ist. Zugleich wird deutlich, was zum Ausbrennen führen kann oder bereits die Folge inneren Ausbrennens ist: Man ist nicht mehr wirklich präsent. Man hetzt von einem Termin zum anderen. Man ist nicht länger wirklich in Berührung mit dem, was man tut, mit den Menschen, mit denen man zusammen ist oder für die man da ist beziehungsweise da sein sollte.

Solange noch etwas Feuer brennt, besteht die Chance, das Feuer wieder anzufachen, indem man kürzer tritt, sich wieder mehr freie Zeit gönnt, öfters Dinge unternimmt, die einem Spaß machen. Manche schaffen sich Oasen im Tages-oder Wochenablauf, indem sie regelmäßig meditieren, Waldspaziergänge an Wochenenden unternehmen oder bewusst Musik hören (vgl. Rosa 2017, 362). Andere schauen darauf, dass ihr Privatleben, das in der letzten Zeit vielleicht zu kurz gekommen ist, wieder mehr Platz in ihrem Zeitbudget einnimmt. Denn je weniger wir uns Zeit nehmen für unser Privatleben und je mehr wir Zeit bei der Arbeit verbringen, desto größer ist die Gefahr, innerlich auszubrennen.

Wenn wir spüren, dass unser inneres Feuer ausgeht, können wir folgende Empfehlung von Bernhard von Clairvaux (1995, 216) beherzigen:

> »Wenn du vernünftig bist, erweise dich als Schale und nicht als Kanal, der fast gleichzeitig empfängt und weitergibt, während die Schale wartet, bis sie gefüllt ist. Auf diese Weise gibt die Schale das, was bei ihr überfließt, ohne eigenen Schaden weiter …
> Lerne auch du, nur aus der Fülle auszugießen, und habe nicht den Wunsch, freigiebiger zu sein als Gott.
> Die Schale ahmt die Quelle nach. Erst wenn sie mit Wasser gesättigt ist, strömt sie zum Fluss, wird sie zur See. Die Schale schämt sich nicht, nicht überströmender zu sein als die Quelle …

> Du tue das Gleiche! Zuerst anfüllen und dann ausgießen. Die gütige und kluge Liebe ist gewohnt überzuströmen, nicht auszuströmen.
> Ich möchte nicht reich werden, wenn du dabei leer wirst. Wenn du nämlich mit dir selber schlecht umgehst, wem bist du dann gut?
> Wenn du kannst, hilf mir aus deiner Fülle. Wenn nicht, schone dich.«

Eine solche Einstellung sorgt dafür, dass wir uns die Zeit einräumen, die wir brauchen, um wieder geben, um für andere da sein zu können. Wir hören auf die Stimmen in uns und in unserer Umgebung, die uns ermutigen, in bestimmten Situationen »Nein« zu sagen. Wir gestehen uns ein, dass wir ein Recht darauf haben, ja es unsere Pflicht ist, verantwortungsvoll mit uns umzugehen, um unsere innere Glut gut zu hüten. Denn wenn unsere Glut erloschen ist, machen uns das Leben und unsere Arbeit keinen Spaß und keine Freude mehr. Wir verlieren mit der Zeit die Lust am Leben, strahlen keine Wärme mehr aus, unsere Sprache wird hart und kalt.

Es liegt also in unserer Verantwortung, dafür zu sorgen, dass unsere Glut nicht ausgeht. Wir erweisen damit uns selbst, aber langfristig gesehen auch den anderen, einen Gefallen, die mehr von uns haben, tatsächlich mehr auch im Sinne von Qualität und echter Präsenz, wenn wir innerlich brennen. Wenn wir das, was wir tun, gerne tun. Wenn wir Zufriedenheit ausstrahlen und so mit dazu beitragen, dass sich andere in unserer Nähe wohlfühlen.

Reflexion:
Wie sieht es bei Ihnen aus? Brennen Sie noch innerlich? Spüren Sie, dass Sie Lust auf etwas haben, Lust auf Ihre Arbeit, Lust am Leben? Was machen Sie am liebsten? Was tun Sie, um nicht innerlich auszubrennen? Tun Sie genug, um zu verhindern, dass Ihre Schale leer wird? Wie geht es Ihnen, wenn Sie mit Menschen zusammen sind, die ausgebrannt sind? Wie geht es Ihnen, wenn Sie unter Menschen sind, die zufrieden sind, die Ihrer Arbeit gerne nachgehen, die Lust am Leben haben?
»Heute besuche ich mich, hoffentlich bin ich zu Hause«, meint der Komiker Karl Valentin. Stellen Sie sich vor, wie Sie sich selbst besuchen. Klopfen Sie an und wenn Sie ein »Ja, komm rein« hören, betreten Sie Ihren Innenraum. Widmen Sie Ihre ganze Aufmerksamkeit sich selbst. Kommen Sie in Berührung mit sich und spüren Sie nach, ob Sie zu viel Ihrer Energie verbrauchen, Sie sich übernehmen. Wenn das der Fall ist, versuchen Sie durch ein ruhiges Ein-und Ausatmen in den von Ihrem Körper und Ihrem Herzen vorgegebenen Rhythmus zu kommen.

Ein Gleichgewicht schaffen zwischen Geben und Nehmen

Von den Beduinen wird gesagt, sie sorgen dafür, dass das Lagerfeuer am Abend nicht zu groß angelegt ist. Sie halten die Flamme klein, damit das Feuer lange anhält. Das hört sich gut an und man merkt sofort, dass das Sinn macht. Überträgt man es auf unsere Lebens- und Arbeitssituation, wird es schon schwieriger, jetzt genau herauszufinden, wie wir das anstellen können.

Zunächst einmal sollten wir grundsätzlich gerne unserer Arbeit nachgehen. Es ist wunderbar, wenn wir Freude und Lust an und bei unserer Arbeit empfinden. Auch ist es ein Privileg, wenn jemand das, was ihm Spaß macht, als Arbeit, mit der er seinen Unterhalt verdient, tun kann.

Auf der anderen Seite können wir so sehr von unserer Arbeit begeistert sein, dass alles von ihr bestimmt wird. Wir stürzen uns dann in die Arbeit, kennen nur noch die Arbeit, verwenden alle uns zur Verfügung stehende Energie für ihre Erledigung. Die Folge davon ist, dass uns irgendwann die Kraft verlässt, unser Enthusiasmus erstirbt, wir ausgebrannt sind. Der Künstler Joseph Beuys (vgl. Rauterberg 2017, 45) sagte von sich, dass er kein Wochenende kenne. Er lebte nach dem Motto, dass jeder Mensch sich verschleißen und lebendig zu Asche verbrennen müsse, und das nicht erst im Tod.

Ich finde es richtig, für etwas zu brennen und sich mit Leidenschaft für etwas einzusetzen. Das muss aber nicht so weit gehen, dass wir lebendig verbrennen. Wenn es zu einem lang anhaltenden Ungleichgewicht zwischen Geben und Nehmen kommt, geschieht aber genau das. Wir verbrennen, brennen innerlich aus. Unser Interesse an etwas, unsere Leidenschaft für etwas versiegen. Wir übernehmen uns so sehr, erhitzen so sehr, dass dadurch unser normales Regelsystem, das für den Input und Output von Energie zuständig ist, in Mitleidenschaft gezogen wird und mit der Zeit nicht länger funktioniert. Für uns heißt das: Wir sind dann von den Quellen, aus denen wir einst unsere Energie schöpften, abgeschnitten. Es gibt keinen Nachschub mehr. Ein anderes Bild: Der fruchtbare Humusboden, über den wir bisher verfügten, ist ausgetrocknet, unsere Fruchtbarkeit ist dahin. Wir haben uns so sehr verausgabt, unsere Ressourcen dabei so sehr ausgeplündert, dass eine normale Regeneration nicht mehr möglich ist.

Manchmal genügt es, um das Bild vom Ausbrennen aufzugreifen, in die Asche zu blasen, um das Feuer neu zum Leuchten, zum Lodern und zum Wärmen zu bringen. Oft ist es dafür aber zu spät. Das ist dann die Situation, in der wir tatsächlich ausgebrannt sind, nicht einmal mehr eine Glut übrig geblieben ist, die wir wieder entzünden könnten.

Um das zu verhindern, müssen wir dafür Sorge tragen, dass wir nicht den Überblick über den Stand unseres Kräftevorrates verlieren. Wenn wir viel geben, viel Energie in etwas investieren, müssen wir auch entsprechend viel nehmen, viel Energie aufnehmen. Ansonsten verausgaben wir uns, geben wir mehr als wir haben. Dass das aber auf Dauer nicht gut gehen kann, ist offensichtlich. So besteht unsere Aufgabe darin, uns darum zu kümmern, dass ein angemessener Ausgleich zwischen Geben und Nehmen, zwischen Input und Output stattfindet.

Es beginnt damit, sich klarzumachen: Wir können auf Dauer nicht mehr geben als wir haben. Geben wir mehr als wir haben, kann das für eine Weile gut gehen, solange wir noch über ein paar Reserven verfügen, die wir krampfhaft versuchen für uns auszuschlachten. Oder wir ersetzen für eine Weile die eigentlich nicht mehr vorhandene Energie durch Aufputschmittel, die uns vormachen, weiterhin über Energie zu verfügen, in Wirklichkeit aber den Prozess des inneren Ausbrennens verstärken.

Folgende Begebenheit illustriert das (vgl. Coelho 2009): Ein Bogenschütze geht durch eine Wiese in der Nähe eines Hindu-Klosters, das für die Strenge seiner Lehre bekannt ist. Als er sieht, wie die Mönche im Garten trinken und miteinander scherzen, empört er sich laut: »Wie zynisch die doch sind, die den Weg Gottes suchen.« Da sagen sie, Disziplin sei wichtig, und betrinken sich. »Wenn du 100 Pfeile hintereinander abschießt, was wird dann mit deinem Bogen geschehen?«, fragt ihn daraufhin der älteste der Mönche. »Mein Bogen würde zerbrechen«, antwortete der Bogenschütze. »Wenn jemand seine Grenzen überschreitet, bricht er auch seinen Willen«, sagt darauf der Mönch. »Wer kein Gleichgewicht zwischen Arbeit und Ruhezeit schafft, verliert seine Begeisterung und wird nicht weit kommen.«

Wer sich einmal vergegenwärtigt, zu welch verheerenden Zuständen ein inneres Ausbrennen führen kann, sollte eigentlich hochmotiviert sein, alles Menschenmögliche zu tun, um das zu vermeiden. Es kann vermieden werden, auch wenn zugegebenermaßen äußere Umstände und persönliche Eigenarten das erschweren können. Am besten wirken wir einem inneren Ausbrennen entgegen, wenn es uns gelingt, eine gute Balance zwischen Geben und Nehmen zu gewährleisten.

Also nicht warten, bis wir nicht mehr können, sondern dafür sorgen, dass im täglichen Leben eine gesunde Balance von Arbeit, Pflicht, notwendigen Anforderungen auf der einen Seite, Freizeit, Muße, Entspannung auf der anderen Seite gewährleistet ist. Es ist wie beim Fahren in einem PKW mit Automatik: Mit dem einen Fuß stehen wir auf dem Gaspedal, während der andere Fuß über dem Bremspedal schwebt. Wenn wir das Tempo beschleunigen wollen und dafür mehr Energie brauchen, geben wir Gas. Wenn wir merken, es wird zu schnell und wir laufen Gefahr, die Kontrolle zu verlieren, treten wir auf die Bremse (vgl. Easwaran 2002, 111).

Feste Zeiten, Rituale, die wir regelmäßig anwenden, Strukturen, die einen Rahmen abgeben, können helfen, einem Ausbrennen vorzubeugen. Man muss dann nicht immer wieder neu planen, was wir tun sollen, um seelisch und körperlich gesund zu bleiben. Man fängt dann zum Beispiel den Tag damit an, Morgengymnastik zu treiben, zu meditieren, einen Spaziergang zu unternehmen. Oder es gibt feste Zeiten, in denen man zum Schwimmen geht, mit Freunden die Sauna besucht. Andere entscheiden sich ganz bewusst, ein Abo für Theater- oder Konzertbesuche abzuschließen, da sie wissen, wenn sie das nicht machen, finden sie nie die Zeit dafür. Es sollte so etwas wie Eckpfeiler in unserem Tages- und Wochenablauf geben, die wir auf alle Fälle, ohne Wenn und Aber, beachten müssen. Ich denke zum Beispiel an die festen Gebetszeiten der Orden. Diese Zeiten müssen – man kann aber auch sagen: dürfen – die Ordensleute wahrnehmen. Wenn die Glocke ertönt, müssen sie alles stehen und liegen lassen und sich aufmachen zum Gebet. Auch wenn das manchmal zur Last werden kann, diese festen Zeiten stehen für das, was einem wichtig ist und was auf jeden Fall nicht vernachlässigt werden darf. Diese Entschiedenheit sollte auch bei uns vorhanden sein und entsprechend in den Ritualen und Formen, die wir für uns gewählt haben, zum Ausdruck kommen, um damit zu unterstreichen, was uns wichtig ist.

Reflexion:
Haben Sie das Gefühl, innerlich ausgebrannt zu sein? Woran merken Sie das? Kann es damit zu tun haben, dass Sie in der letzten Zeit mehr gegeben als genommen haben? Manche Personen setzen sich stundenlang vor die Bilder von Vincent van Gogh, um sich an der Glut, die in diesen Bildern steckt, zu wärmen. Wo können Sie sich erwärmen? Was verschafft Ihnen Ausgleich? Wo erfahren Sie Freude, Lust? Wo können Sie neue Energie schöpfen? Wie ist es um Ihre Fähigkeit bestellt, wie beim Autofahren das richtige Gleichgewicht zwischen Gas und Bremsen zu finden? Wie sehen Ihre Eckpfeiler aus, die zum Ausdruck bringen, was Ihnen wichtig ist und worauf Sie achten wollen?

Den Sonntag heiligen

Ich glaube, die Verfasser des Alten Testamentes haben sich etwas dabei gedacht, als sie sich dafür starkmachten, dass man am siebten Tag ruhen sollte. Auch meine ich, wir würden uns etwas Gutes tun, würden wir das wieder mehr ernstnehmen und den Sonntag tatsächlich zu dem Tag machen, an dem etwas anderes gilt, etwas anderes geschieht als an den übrigen Tagen der Woche. Es sollte eine Zeit sein, in der wir Höhepunkte erleben, die sich abheben vom Alltäglichen. Wo es nicht um Pflicht, um Profit, um Quoten geht.

Der jüdische Theologe und Rabbiner Abraham Heschel vergleicht den Sabbat mit einer Kathedrale in der Zeit. Er will damit sagen: In dem Moment, in dem der Sabbat beginnt – also am Freitagabend –, treten wir im übertragenen Sinn in eine Kathedrale ein. Die Kathedrale steht für die Besonderheit und das Anderssein, das für die Zeit des Sabbats gilt. In dieser Zeit soll sich unser Verhalten, die Art und Weise, wie wir den Tagesablauf gestalten, deutlich unterscheiden von unserem alltäglichen Verhalten. Der Sabbat, der in der christlichen Tradition für den Sonntag steht, der am Samstagabend beginnt, sollte für uns der Höhepunkt der Woche sein, auf den die ganze Woche ausgerichtet ist.

Er ist der Tag, auf den wir hinleben. An dem wir anders leben als sonst, der sich bewusst unterscheiden soll von den übrigen Werktagen. Tatsächlich ist es ja auch so, dass wir oft auf das Wochenende hinleben, freilich nicht unbedingt mit der hier gemeinten Intention. Doch warum uns nicht von dieser Freude mitnehmen lassen und neben der erhofften Erholung offen dafür sein, diesen Tag zu einem besonderen Tag zu machen. Wir stellen uns dann vor, mit Beginn dieses Tages in eine Kathedrale einzutauchen und damit eine Welt zu betreten, in der andere Gepflogenheiten und Regeln gelten.

Wollen wir diese Zeit wirklich als eine andere Zeit erfahren, sollten wir in dieser Zeit keine Arbeitstermine wahrnehmen, keine Mails schreiben, unser Smartphone nicht benutzen. Wir sollten an diesem Tag so leben, wie wenn alles schon erledigt sei. Ist das nicht eine faszinierende Vorstellung – für einige Stunden alle Sorgen hinter uns zu lassen? Allein von der Vorstellung, alles ist schon erledigt, geht eine befreiende Wirkung aus, auch wenn wir wissen, dass wir uns damit etwas vormachen. Dennoch tun wir einfach für eine Weile so, als sei schon alles erledigt. Wir werden dabei vielleicht entdecken, dass tatsächlich vieles schon erledigt ist oder zumindest mehr, als wir dachten. Vor allem aber werden wir merken, wie der Druck, dieses und jenes noch erledigen zu müssen, nachlässt.

Gelingt uns das, dürfen wir jetzt schon etwas vom Himmel schmecken. Wir können es genießen, für eine Weile der Welt des Funktionierens, in der uns vorgeschrieben wird, wie wir uns zu verhalten haben, zu entkommen. Wir spüren, wie von uns wegfällt, was uns sonst belastet und unter Druck setzt, und können es dann während der Woche kaum erwarten, wieder in den himmlischen Zustand zu gelangen.

Es liegt an uns, wofür wir uns entscheiden: Den Sonntag zum Werktag zu machen, wie uns das leider viele Politiker vorleben. Oder aber wirklich einen Schnitt zu machen und am Samstagabend, spätestens aber mit Beginn des Sonntages in die Kathedrale der Zeit einzutauchen. Wir können den Übergang vom Werktag zum Sonntag durch ein Ritual bewusst vollziehen, wie das die frommen Juden heute noch tun. So können wir eine Kerze entzünden, einen Psalm oder ein Segensgebet sprechen. Ein anderer mag ein Lied singen, das ihn auf diese besondere Zeit einstimmt.

Das wird uns vermutlich am Anfang schwerfallen und uns zunächst viel Disziplin abverlangen. Von daher ist es auch gut, dass es feste Strukturen, Gepflogenheiten, Gewohnheiten und Rituale gibt, die ausdrücken, was wir wollen, und die uns helfen, dass wir das nicht vergessen. Sie laden uns ein, das zur festen Gewohnheit werden zu lassen. Sie helfen uns damit, dass wir in der Hitze und Hektik des Alltags nicht vergessen, was uns guttut, wir nicht im Trott des Alltags versinken. Sie gewährleisten eine gute Balance zwischen Arbeit und Freizeit und unterstützen uns damit dabei, dass wir nicht innerlich ausbrennen und uns die Lust am Leben nicht vergeht.

Wer erfahren hat, wie wohltuend es ist, den Sonntag zum Höhepunkt der Woche zu machen, wird mit der Zeit alles daransetzen, dass ihm und ihr das gelingt. Er und sie werden, wenn es ihnen gelingt, mit der Erfahrung belohnt werden, jetzt schon einen Vorgeschmack des Himmels kosten zu können. Sie dürfen erfahren, was es meint, Lust am Leben zu haben, und einen wichtigen Beitrag dazu leisten, dass ihnen die Lust am Leben nicht verloren geht.

Reflexion:

Wie verbringen Sie Ihren Sonntag? Unterscheidet er sich von einem Werktag? Können Sie sich vorstellen, den Sonntag zu einem ganz besonderen Tag zu machen, an dem andere Kriterien gelten als sonst? Wie könnte das für Sie aussehen?

Stellen Sie sich vor, dass Sie sich in einer Kathedrale befinden oder einem Raum, den Sie mit etwas Erhabenem oder Schönem verbinden, jedenfalls ein Raum, indem Sie sich gerne aufhalten. Lassen Sie die besondere Atmosphäre dieses Raumes auf sich wirken, ja tauchen Sie in diese Atmosphäre ein. Welche Gefühle werden dabei in Ihnen ausgelöst? Lassen Sie alle Gefühle, die sich einstellen, zu. Dieser Raum ist ein besonderer Ort, der sich unterscheidet von den Orten und Plätzen, in denen ich mich sonst normalerweise aufhalte. Hier gelten andere Gesetze. Da werde ich nicht gestört. Hier gibt es keine Handys, keinen Laptop, keinen Fernseher. Hier muss ich nichts leisten, gibt es keinen Termindruck, darf ich einfach nur sein. Stellen Sie sich vor, während Sie sich weiterhin in diesem Raum aufhalten, dass alles schon erledigt ist. Lassen Sie sich von dieser Vorstellung nicht abbringen, auch wenn andere Stimmen in Ihnen sich dagegen wehren. Wie fühlt sich das an, wenn Sie sich vorstellen, dass alles schon erledigt ist? Lassen Sie die Erleichterung und die Entspannung, die davon ausgehen, zu und kosten Sie sie aus.

Uns mit der Langeweile befreunden

Feste Zeiten, Strukturen, Rituale, der wirklich freie Sonntag – sie können dazu beitragen, die richtige Balance zwischen Arbeit und Freizeit zu gewährleisten. Sie sollten von uns ernstgenommen und genutzt werden. Das muss uns aber nicht davon abhalten, im Alltag selbst, bei der Arbeit, Pausen zu machen, vor uns hinzudämmern, zu trödeln.

Eine gute Zeit dafür kann das Warten sein. Es gibt viele Situationen, in denen wir warten. Wir warten auf den Zug. Wir warten im Wartezimmer des Arztes. Wir warten nach einer Prüfung auf das Ergebnis. Wir warten bis die Ampel auf Grün schaltet. Es gäbe unzählige weitere Beispiele, wo wir warten. Ich warte gerade im Warteraum meines Hausarztes. Ich sitze da, beschäftige mich mit nichts, lasse mich einfach auf das ein, was auf mich zukommt. Ich fühle nicht, wie ich das sonst von mir kenne, den Antrieb, jetzt da ich doch die Zeit dafür habe, dieses oder jenes noch zu erledigen.

»Langeweile stirbt aus: Verlernen wir das Warten?«, so lautet der Titel eines Beitrags der Deutschen Presse-Agentur am 11.5.2015. Darin wird bedauert, dass das reine Warten ohne Ablenkung durch Internetsurfen, Chatten usw. im Grunde genommen nicht mehr stattfindet. Gemeint ist das Warten im Sinne von Nichtstun. Gegen die Wand starren. In den Himmel schauen. Leute beobachten. Ausharren und sich in Geduld üben.

Warten muss nicht unbedingt mit Ungeduld einhergehen, etwa wenn ich etwas kaum erwarten kann. Oder wenn die Spannung kaum mehr auszuhalten ist. Warten kann auch entspannend wirken. Wir machen uns keinen Druck. Wir halten inne, halten uns bei uns selbst auf. Wir besuchen unser Inneres. Wann tun wir das sonst? Wir nehmen wahr, wie wir bewusster ein- und ausatmen. Niemand will etwas von uns, niemand lenkt uns ab. Auch müssen wir nichts dringend erledigen.

Warten kann so gesehen zu einer schönen Zeit werden. Manchmal auch, weil wir nichts erwarten. Wir regenerieren uns dabei, lassen manches Revue passieren. Neue Gedanken und Ideen tauchen von ganz alleine auf, ohne dass wir uns intensiv damit befassen. Wir warten, ohne etwas erreichen zu wollen. Oder wir haben den Mut zu warten, das Warten auszuhalten. Vielleicht müssen wir das Warten nicht nur auszuhalten, sondern können es sogar auskosten. Warten wird dann nicht nur als eine Übergangszeit erlebt, die man möglichst schnell hinter sich bringen will. Das Warten selbst wird zu einer bereichernden Zeit, in der wie bei einer Brachzeit Altes verarbeitet wird und Neues aufbrechen kann.

Warten kann dabei auch als Langeweile erlebt werden. Es tut sich nichts. Zunächst sind wir geneigt, das als etwas Negatives zu sehen. Doch das muss nicht so sein. Für den amerikanischen Biologen David G. Haskell (2017, 30), der ein Jahr lang geduldig nur einen Quadratmeter Wald beobachtete, ist Langeweile unser Freund, der uns empfiehlt, uns Zeit zu nehmen, zuzuhören, zu riechen, genauer hinzusehen. Also das genaue Gegenteil von dem zu tun, was normalerweise unsere Reaktion auf Langeweile ist, nämlich, uns durch irgendetwas abzulenken, wegzugehen, in Aktionismus zu verfallen.

Die Langeweile könnte uns ja mit unserer Leere konfrontieren. Genau das aber kann der Sinn unserer Langeweile sein: uns auf uns selbst zurückzuwerfen, um aus unserem Innersten heraus produktiv werden zu können. Für den Schauspieler Peter Simonischek (2018, 12) ist die Langeweile eine Wurzel der Inspiration: »Die originären Dinge entstehen aus der Langeweile, aus der Einsamkeit heraus. In unserem lauten, schrillen und hektischen Alltag ist dafür kein Platz, da wird man andauernd zugemüllt mit aktuellen Dingen. Dem muss man Paroli bieten, um den Tag zu überstehen.« Die Langeweile kann, so gesehen, zu einer Zeit werden, in der ohne den Druck des »du sollst« oder »du musst« unsere kreative Seite zum Zuge kommen kann.

Wenn wir uns der Langweile hingeben, setzen wir bewusst einen Akzent gegen den Trend unserer Zeit, in der wir einer großen Reizüberflutung ausgesetzt sind. »Das Hirn braucht Pausen, wenn es tags unentwegt auf Sendung ist«, meint Christian Dogs (2017, 28). »Mich macht es im Zug ganz wütend, dass niemand aus dem Fenster schaut, alle klappen ihre Notebooks auf und hacken wild drauflos.«

So tun wir gut daran, uns mit der Langeweile zu befreunden. Sie kann eine Zeit sein, in der wir uns regenerieren, unsere leergelaufenen Batterien wieder aufladen. Es ist zugleich eine Zeit, in der wir mit uns selbst konfrontiert werden. Das aber ist wichtig, um den Kontakt mit uns selbst nicht zu verlieren. Das tun wir, wenn wir in unserem Tun aufgehen und dabei andere wichtige Bereiche unseres Lebens zu kurz kommen. Halten wir die Langeweile aus, kann sie zu einer Zeit werden, in der wir mit unserer schöpferischen Seite in Berührung kommen. Die Langeweile trägt dazu bei, dass wir wieder Lust am Leben verspüren. Ganz abgesehen davon, dass wir die Langeweile selbst als lustvoll erleben, weil wir endlich einmal nichts zu tun haben, nichts tun müssen, keiner Pflicht nachkommen können, uns einem heiligen Nichtstun hingeben können (vgl. Peikert 2018, 21).

Wie recht doch Christian Dogs (2017, 28) hat: »Langeweile ist genial! Die Menschen gönnen dem Hirn keine Ruhe. Was tun Sie, wenn Sie nach Hause kommen? Gucken Sie gleich aufs Handy? Tun Sie das nicht, kommen Sie erst einmal zu Hause an. Sie brauchen Reizarmut. Ruhe. Stille. Setzen Sie sich ans Fenster und schauen Sie raus. Fangen Sie mit zehn Minuten an. Das hält kaum jemand durch. Und danach gehen Sie zu Ihrem Partner und kommunizieren … Reden, Kuscheln, Sex …«

Reflexion:
Welche Einstellung haben Sie zum Warten und zur Langeweile? Können Sie sich mit ihr befreunden oder versuchen Sie, ihr durch Ablenkungen aus dem Weg zu gehen? Kennen Sie das: Langeweile als Brachzeit, in der unsere schöpferischen Kräfte auftauen? Können Sie sich vorstellen, sich mit der Langeweile zu befreunden?

Fruchtbar bleiben

Um fruchtbar zu bleiben oder sogar noch fruchtbarer zu werden, benötigt ein Acker in regelmäßigen Abständen eine Brachzeit. Geschieht das nicht, wird der Acker mit der Zeit zu einem Ödland, dessen Pflanzenwachstum recht spärlich ist, sofern überhaupt noch etwas wachsen kann. Kennen Sie das Gefühl, sich total verausgabt zu haben? Alle Energie, Fantasie, alle Ideen und guten Gedanken scheinen aufgebraucht zu sein. Da ist nichts mehr da, auf das Sie zurückgreifen könnten. Das passiert, wenn wir ausgebrannt sind. Bei uns verhält es sich dann genauso wie bei dem Humusboden, der einst Fruchtbarkeit garantierte, jetzt abervöllig ausgedörrt ist. Da ist nur noch trockener, staubiger Boden.

So weit sollten wir es nicht kommen lassen. Denn, wenn wir uns in einem solchen Zustand befinden, kann nichts mehr auf und aus unserem Boden wachsen, nichts Lebendiges wird dort mehr sprießen. Ein kreatives Schaffen ist nicht länger möglich. Mir fallen Politiker ein, die von einem Termin zum anderen eilen und keine Zeit finden, schöpferisch nachzudenken. Ich denke an kirchliche Mitarbeiter und Mitarbeiterinnen, die ständig in Angelegenheiten Gottes unterwegs sind, aber schon lange nicht mehr die Zeit dafür gefunden haben, ihren spirituellen Ackerboden umzugraben, zu düngen und zu bewässern, ihm eine Brachzeit zu gönnen, in der die Beschäftigung mit der »Sache Gottes« pausieren darf. Entsprechend ausgelaugt und verdorrt ist ihr spiritueller Humusboden. So wirken sie auch. Was sie an spiritueller Kost anzubieten haben, ist nicht auf einem fruchtbaren spirituellen Boden gewachsen und schmeckt daher auch entsprechend.

»Wir sind Pflanzen, die – wir mögen's uns gestehen oder nicht – mit den Wurzeln aus der Erde steigen müssen, um im Äther blühen und Früchte tragen zu können«, schreibt der Dichter Johann Peter Hebel (zit. nach Heidegger 1985, 14). Wollen wir fruchtbar sein, müssen wir geerdet sein. Wir müssen in der Erde verwurzelt sein. Unser Ackerboden muss die Nährstoffe und Mineralien enthalten, die wir vom Humusboden her kennen, der sich besonders eignet für gedeihliches Wachsen. Er versorgt uns mit der Energie, die wir dazu benötigen, um im Äther blühen und Früchte tragen zu können. Dafür ist es notwendig, dass wir ihn pflegen, ihm die Brachzeiten gönnen, die er braucht, ihn mit genügend Wasser versorgen.

Der Philosoph Martin Heidegger schreibt in seinem Büchlein *Gelassenheit*: »Indes kann brachliegen nur solches, was in sich ein Grund für das Wachstum ist, wie z. B. ein Ackerfeld. Eine Autobahn, auf der nichts wächst, kann auch nicht ein Brachfeld sein« (ebd. 13). Wir sind keine Autobahn, auf der nichts wachsen kann. Dieser Ackerboden ist zum einen unser Leib, dessen Bedürfnisse wir ernstnehmen müssen, damit er gesund und fruchtbar bleibt. Das bezieht sich einmal auf unsere Ess- und Trinkgewohnheiten und die Pflege unseres Körpers. Es betrifft weiter unsere Sexualität und den ganzen Bereich der Körperarbeit, wie sich genügend bewegen, Sport treiben, Körperwahrnehmungsübungen praktizieren. Auch die Fähigkeit, etwas genießen zu können, gehört zu diesem Boden, den wir bestellen müssen, damit darauf etwas wachsen kann.

Dieser Ackerboden steht für mich aber auch für den spirituellen Grund, um den wir uns regelmäßig kümmern müssen. So wie wir, um leben zu können, jeden Tag essen und trinken, müssen wir auch unseren spirituellen Boden jeden Tag mit Nahrung versehen. Gebet, das sich wie Tau auf unseren spirituellen Boden legt, kann ihn anreichern. Oder wir durchsetzen unseren spirituellen Boden mit den Psalmen, die unserem Herzen entströmen. Wir können Orte aufsuchen, die uns helfen und es erleichtern, mit unserem spirituellen Ackerboden in Berührung zu kommen und uns von ihrer geheimnisvollen Aura und Atmosphäre umfangen zu lassen.

So fragt Martin Heidegger (1985, 16) weiter: »... kann menschliches Werk künftig noch aus einem gewachsenen Heimatboden gedeihen und in den Äther, das heißt in die Weite des Himmels und des Geistes, steigen? Oder gerät alles in die Zange der Planung und Berechnung, der Organisation und des automatischen Betriebes?« Wenn wir uns bestimmte Tendenzen in unserer Arbeitswelt vor Augen führen, dann hat man manchmal den Eindruck, dass das, was wir tun, nicht mehr und nicht länger in die Weite des Himmels steigt, sondern in die Zange der Planung und Berechnung, der Organisation und des automatischen Betriebes geraten ist. Da ist nichts von einem fruchtbaren Ackerboden zu spüren. Es erinnert eher an eine asphaltierte Autobahn.

Das entbindet uns aber nicht von der Verantwortung, was uns und unser Leben betrifft, dafür zu sorgen – zumindest so gut es uns möglich ist –, dass unser Ackerboden feucht und fruchtbar bleibt und nicht mit der Zeit verödet.

Nicht, dass die Humuserde verschwindet und nur noch Steine übrig bleiben. Für jeden und jede ist es wichtig, ihre Weisen zu finden, die sich dazu eignen, ihren persönlichen Ackerboden zu pflegen. Ihn zu düngen, damit er nicht verkümmert oder gar verwahrlost. Die Mineralien, die wir ihm zuführen, können die Lektüre eines Buches sein. Es können Konzerte, Theateraufführungen, Museumsbesuche sein. Es können Zeiten sein, in denen unser Ackerboden brachliegt, also für eine Weile geschont wird. Das tun wir, wenn wir uns Pausen, kleinere und größere Auszeiten gönnen, in der Natur spazieren gehen, wenn wir uns wie Buddha unter einen Baum setzen, um dort zu rasten. Wir tun es, wenn wir den Sonntag heiligen und uns zwischendurch immer wieder einem heiligen Nichtstun hingeben.

Fruchtbar zu sein, verschafft uns die Möglichkeit, aus dem Vollen zu schöpfen. Das macht Spaß. Was wir tun, geht uns leichter von der Hand. Genauso wie es Spaß machen kann, sich das an Vergnügen und Abwechslung zu gönnen, was notwendig ist, um fruchtbar zu bleiben und die Lust am Leben und an der Arbeit nicht zu verlieren.

Reflexion:
Wie steht es um Ihren Ackerboden? Wie gehen Sie mit den Bedürfnissen Ihres Leibes um? Womit düngen Sie Ihren spirituellen Grund? Was tun Sie dafür, dass Ihr Ackerboden fruchtbar bleibt? Kennen Sie die Erfahrung, dass Ihnen etwas leichter von der Hand geht, wenn Sie aus dem Vollen schöpfen können?

Die Gründe unseres Handelns kennen

Oft wissen wir, dass wir für eine gute Balance von Arbeit und Freizeit sorgen müssen, wollen wir nicht ausbrennen, »unfruchtbar« werden und die Lust an der Arbeit, gar am Leben verlieren. Das hält uns aber nicht unbedingt davon ab, genau das nicht zu beherzigen. Das trifft insbesondere zu, wenn wir zu den Menschen gehören, die anderen Menschen helfen möchten und einem helfenden Beruf, von der Seelsorgerin über den Altenpfleger bis hin zur Ärztin, nachgehen.

Manche Gründe, warum wir es nicht hinbekommen, angemessen für uns zu sorgen, kennen wir vielleicht. Oft sind es aber Gründe, die wir zunächst nicht auf den ersten Blick erkennen. Sie können gerade deswegen, weil sie uns nicht bewusst sind, dafür mit verantwortlich sein, dass wir uns verausgaben. Im Helfen schlummert Gift, schreiben Ram Dass und Paul Gorman (2007) in ihrem Buch *How can I help*. Wir wollen anderen helfen, doch wir werden dabei selbst zu Verwundeten. Wir wollen Mitleid ausüben, doch wir fügen der Welt noch mehr Leid zu, nämlich unser eigenes Leid. Um das zu verhindern, schlagen sie vor, uns für einen Moment zurückzulehnen und ohne irgendwelche Bewertung aus der Distanz unser Verhalten zu beobachten.

Also lehnen wir uns für einen Moment zurück, gehen in die Beobachterrolle und schauen aus der Distanz auf unser Verhalten und die Motive, die unser Handeln mitbestimmen? Fragen wir uns: Welche Erwartungen verbinden wir damit? Werden durch unser Tun eigene Bedürfnissen gestillt? Wir werden vielleicht feststellen, dass Nächstenliebe ein ganz wichtiges Motiv ist. Wir möchten wie der barmherzige Samariter, vom Elend des in Not geratenen Menschen gepackt, für ihn da sein. Schauen wir genauer hin und sind wir uns selbst gegenüber ehrlich, müssen wir uns möglicherweise aber auch zugestehen, dass das Bedürfnis, gebraucht zu werden, verantwortungsbewusst zu erscheinen und die Möglichkeit über unser Handeln und Helfen, Einfluss auf andere ausüben zu können, ebenfalls eine Rolle spielt.

Im Helfen oder über unsere Arbeit mag sich uns, so werden wir vielleicht zugeben müssen, wenn wir genauer hinschauen, eine Gelegenheit anbieten, gesehen und für wertvoll erachtet zu werden. Das ist zunächst einmal nicht schlecht und warum sollten wir nicht auch durch unsere guten Taten oder aufgrund unserer guten Leistung Anerkennung erhalten? Problematisch wird es, wenn unser Helfen unser geringes Selbstwertgefühl wettmachen soll. Dann deckt es lediglich unser geringes Selbstwertgefühl zu, mit dem Ergebnis, dass wir uns nicht wirklich damit und mit uns auseinandersetzen.

Es gibt also, so müssen wir feststellen, in uns ein geteiltes Haus. Zum einen wollen wir uns für andere hingeben und für sie nützlich sein, zum anderen gibt es aber auch in uns den Wunsch, gebraucht zu werden. Schauen wir noch etwas genauer hin, entdecken wir, dass wir unser geringes Selbstwertgefühl durch unser Handeln aufpolieren wollen. Diese Situation eines geteilten Hauses und der Konflikt, der damit verbunden ist, kann eine Quelle unserer ständigen Müdigkeit sein. Das ändert sich erst, wenn wir uns zugestehen, dass es uns bei unserem Helfen auch um die Erfüllung der genannten Bedürfnisse geht. Letztlich aber, so mögen wir feststellen, ist es dennoch tatsächlich Liebe, die uns veranlasst, anderen zu helfen. Wir können dann zu uns sagen: »Wir lieben uns. Das ist genug« (Dass/Gorman 2007, 193). Wir haben für uns etwas geklärt. Unser innerer Konflikt verringert sich. Wir können uns jetzt, ohne unnötigen Energieverbrauch, ganz dem widmen, was uns wichtig ist und woran unser Herz hängt. Wir wissen, dass wir keine Heiligen sind, und können auch zu den weniger idealen Gründen, die unser Verhalten bedingen, stehen.

Eine weitere Quelle von innerem Ausbrennen kann sein, dass wir uns oft unsicher sind, ob wir wirklich geholfen oder das Richtige getan haben. So fragen sich zum Beispiel viele Seelsorger und Seelsorgerinnen, ob sie mit dem, was sie den Menschen anbieten, wirklich das treffen, was diese brauchen. Ich erinnere mich an meine Anfangszeit als Psychotherapeut, in der ich mir oft nicht sicher war, ob ich wirklich den Menschen, die zu mir kamen, geholfen habe. Damals wünschte ich mir manchmal, Briefträger zu sein, da ich dann am Ende eines Tages wüsste, was ich geschafft habe.

Die Unsicherheit, ob wir wirklich geholfen haben, kann uns manchmal so sehr aufreiben, dass wir darüber in Stress geraten. Wir können ewig dieser Frage nachgehen oder einfach versuchen, diese Unsicherheit auszuhalten (vgl. Dass/Gorman 2007, 2005ff). Wir tun, was wir tun können. Das ist genug. Was ist, *ist*. Mit der Zeit mag dann vielleicht unser Zweifel dem Geheimnisvollen weichen, das mit der Schönheit unserer Arbeit oder unseres Dienstes einhergeht. Und das gerade deshalb, weil uns unser Handeln hinsichtlich seiner Wirkung im Unklaren lässt. Wir sehen immer nur einen Ausschnitt. Die letztendliche Bedeutung, die unserem Handeln im Gesamt unseres Lebens und dem Leben eines anderen Menschen zukommt, kennen wir nicht. Wir tun, was wir tun können, geben uns damit zufrieden. Den Rest überlassen wir Gott, der Natur, dem Universum (vgl. Dass/Gorman 2007, 209f). Mir hilft hier die Überzeugung, dass es den großen und den kleinen Hirten gibt. Ich bin der kleine Hirt und es liegt in der Macht des großen Hirten, was letztlich geschieht.

Wir tun alles, was wir tun können, doch zugleich haften wir nicht an dem, was wir gerne erreichen wollen, zum Beispiel das Leiden eines anderen lindern zu wollen. Unser Herz mag dabei fast zerbrechen, doch auch das geben wir auf. Dabei kann uns helfen, dass die unmittelbare Bedeutung des Schmerzes und des Leides der hilfsbedürftigen Person unser Verstehen übersteigen mag. Der heilige Paulus sagt, dass es eine Bedeutung von Dingen gibt, die wir im Moment noch nicht sehen, eines Tages aber sehen werden. »Wir sehen *jetzt* durch einen Spiegel in einen dunklen Ort: *dann* aber von Angesicht zu Angesicht. Jetzt erkenne ich stückweise, dann aber werde ich ganz und gar erkennen« (1 Kor 13,12.13).

Die Frage, ob unser Handeln weiterhilft oder was es bewirkt, steht dann nicht mehr im Vordergrund. Das aber entspannt uns. Wir bündeln unsere Energie für das, was wir tun, konzentrieren uns darauf. Wir lassen manche Vorstellungen von dem, wie etwas abzulaufen hat, hinter uns, trauen unserer Erfahrung und entdecken dabei neue Wege. Wir werden mutiger. Wir können mit Suzuki Roshi sagen:

»Bei dem, der etwas beginnt, gibt es viele Möglichkeiten. Beim Experten nur einige« (zit. nach Dass/Gorman 2007, 208). Die Zweifel, die wir hinsichtlich der Wirksamkeit unseres Handelns hatten, sind nicht länger Feinde. Sie sind Teil einer wiedergewonnenen Unschuld. Die macht es möglich, das, was gerade ist, neu, mit anderen Augen zu sehen, wahrzunehmen und zu würdigen: ein Lächeln, ein Gefühl tiefer Erfüllung, Dankbarkeit. Wir sind dann einfach dankbar dafür, gerne viel von uns geben zu können, ein Instrument der Liebe sein zu dürfen.

Es mag zunächst eigenartig erscheinen, aber bei näherem Hinsehen können wir, wenn wir uns ehrlich mit den Motiven unseres Helfens auseinandersetzen, in der Müdigkeit und den Zweifeln, die damit einhergehen können, Verbündete entdecken. Wir werden dadurch auf uns selbst verwiesen und herausgefordert, an uns zu arbeiten und daran zu wachsen. Das aber kann dazu führen, dass uns mit der Zeit unsere Arbeit nicht nur leichter von der Hand geht, sondern sie für uns bedeutungsvoller und sinnvoller wird. Wenn diese Einrichtungen keine Bereicherung für unser Leben sind?

Reflexion:

Welche Motive für das Helfen können Sie bei sich entdecken? Möchten Sie damit auf sich aufmerksam machen, in den Augen der anderen als verantwortungsvoll erscheinen? Möchten Sie damit von eigenen Problemen ablenken? So kennt man in der Psychologie den Begriff Altruismus, wenn die sogenannte Nächstenliebe den Mangel an Selbstliebe kaschieren soll. Können Sie, wenn Sie schauen, was Sie im Tiefsten bewegt, anderen zu helfen, bei sich entdecken, dass es tatsächlich Liebe ist, die Sie anderen gegenüber empfinden? Kennen Sie das Gefühl von Dankbarkeit, wenn Ihnen bewusst wird, dass Sie anderen Menschen helfen konnten?

In welchen der folgenden Aussagen (vgl. Dass/Corman 2007, 185) finden Sie sich wieder?

Ich hatte nicht im Traum daran gedacht, dass es so schwer sein wird.

Vergiss es – du musst akzeptieren, dass du niemanden verändern kannst.

Warum muss es immer ich sein?

Du kannst das System nicht ändern.

Sie hätten wenigstens Danke sagen können.

Es ist so, als wenn du eine Welle zurückhalten wolltest.

Ich weiß nicht, wie ich Nein sagen kann.

Wir helfen niemandem damit; es ist einfach eine andere Angelegenheit.

Ich weiß nicht einmal, was Hilfe überhaupt bedeutet.

He, und was ist mit mir?

Uns wertschätzen und lieben

Wollen wir verhindern, dass wir innerlich ausbrennen, müssen wir verinnerlicht haben, dass niemand von uns verlangen kann, mehr zu tun als wir tun können. Das gilt auch für uns selbst. Diese Erkenntnis muss so tief in unserem Kopf und in unserem Herzen verankert sein, dass wir sie nicht mehr hinterfragen. Erst wenn wir das für uns klar erkannt haben und innerlich voll dahinterstehen, werden wir in der Lage sein, allen inneren und äußeren Forderungen, mehr zu tun als wir leisten können, ein klares »Nein« entgegenzusetzen. Dieses »Nein« geht zugleich einher mit einem »Ja« zur Sorge um uns selbst.

Nach meiner Erfahrung kann das für den Psychotherapeuten oder die spirituellen Begleiterinnen und Begleiter Schwerstarbeit bedeuten, bis jemand soweit ist, deutlich, und ohne ein schlechtes Gewissen zu haben, dieses »Nein« beziehungsweise »Ja« zu sprechen. Da geht es dann unter anderem um die Annahme unserer selbst und die Liebe zu uns selbst. Wir können »Nein« sagen, wenn wir uns selbst für wertvoll und liebenswert erachten und spüren, dass ein »Ja« uns auf Dauer körperlich und seelisch schadet. Das hat bereits Bernhard von Clairvaux (1990, 41), der Begründer des Zisterzienser-Ordens, erkannt. Was er dem damaligen Papst Eugenius schrieb, könnte auch an unsere Adresse gerichtet sein:

> »Wenn du also ganz für alle da sein willst nach dem Beispiel dessen, der allen alles geworden ist (1 Kor 9,22), lobe ich deine Menschenfreundlichkeit – jedoch nur, wenn sie jeden einschließt. Wie aber kann sie jeden einschließen, wenn du ausgeschlossen wirst. Auch du bist ein Mensch. Damit deine Menschenfreundlichkeit uneingeschränkt jeden einschließen kann, muss der Schoß, der alle in sich aufnimmt, auch dich darin einsammeln. Denn was würde es dir sonst nützen, wenn du – nach dem Wort des Herrn (Mt 16,26) – alle gewinnen, aber

> als Einzigen dich selbst verlieren würdest? Wenn also alle Menschen dich besitzen, besitze auch du dich selbst. Warum solltest nur du nichts von dir haben? Wie lange noch bist du noch ein Geist, der auszieht und nie wieder heimkehrt (Psalm 78,39)?«

Ja, warum eigentlich sollten wir nichts von uns haben? Wenn wir uns selbst nichts bedeuten, dann kann man das vielleicht verstehen. Erachten wir uns aber für wertvoll und liebenswert, ist es uns ein Anliegen, gut auf uns zu schauen und von uns abzuhalten, was uns schaden kann. Wir sind dann auch bereit, uns zu wehren und uns abzugrenzen. Das ist möglich, weil wir über ein positives Selbstwertgefühl verfügen, bei dem wir uns selbst für fähig, wichtig, erfolgreich und wertvoll erachten (vgl. Branden 2001, XV). Wir trauen uns zu, mit den grundlegenden Herausforderungen des Lebens zurechtzukommen. Nicht was die anderen über uns denken oder an Gefühlen uns gegenüber haben, zählt hier. Entscheidend ist das, was wir von uns denken und was wir über uns fühlen.

Unseren Wert machen wir also nicht abhängig von dem Lob oder der Anerkennung anderer, so sehr wir uns auch darüber freuen und sie annehmen können. Doch wir sind nicht auf ihre Gnade angewiesen. Sie haben, so gesehen, auch keine Macht über uns. Bei einem positiven Selbstwertgefühl machen wir unseren Wert nicht von unserem Erfolg abhängig. Wir können von Herzen her »Ja« zu uns sagen, da wir uns selbst gegenüber ein herzliches und warmes Gefühl empfinden. Wir haben zu uns selbst eine gute Beziehung.

Haben wir dagegen ein geringes Selbstwertgefühl, erachten wir uns für inkompetent, erfolglos, wertlos und nicht liebenswert. Wir haben von uns selbst eine geringe Meinung, bis dahin, dass wir uns verachten. Wir können nicht wirklich »Ja« zu uns sagen, können uns nicht annehmen. Weil wir uns für gering und wertlos erachten, getrauen wir uns nicht, auf unsere Mitmenschen zuzugehen, uns ihnen zuzumuten. Wir schleichen uns an ihnen vorbei, verdrücken uns in eine Ecke.

Wenn wir uns selbst aber keinen Wert zusprechen können, wir uns selbst gegenüber keine positiven und herzlichen Gefühle empfinden, kommt auch die Wertschätzung anderer nicht bei uns an. Es ist dann wie bei einem Fass ohne Boden. Was man hineinschüttet, läuft unten gleich wieder heraus. Da wir aber, verständlicherweise, uns gut fühlen wollen, uns danach sehnen, wertvoll, erfolgreich und liebenswert zu sein, es selbst aber nicht fühlen und wie nach einem Strohhalm nach Anerkennung durch andere greifen, strengen wir uns noch mehr an, um die ersehnte Wertschätzung doch noch zu erreichen. Doch, solange wir nicht in der Lage sind, uns selbst für liebenswert zu sehen und das dann auch zu spüren, werden wir uns vergeblich abmühen, Wertschätzung zu erreichen. Am Ende aber werden wir uns so verausgaben, dass wir innerlich ausbrennen.

Unabhängig davon, was wir leisten, und unabhängig davon, ob wir in den Augen der anderen für wertvoll erachtet werden, besitzen wir einen unschätzbaren Wert. Wir müssen uns diesen Wert nicht erst erwerben. Niemand kann uns diesen Wert nehmen. Meine Erfahrung ist, wenn wir uns selbst wertschätzen, uns selbst lieben, haben wir auch viel Wertschätzung und Liebe für andere übrig. Wir machen dann genau das, was von uns im Liebesgebot gefordert wird: den anderen so zu lieben wie wir uns selbst lieben. Das aber ist doch wunderbar. Wir sagen Ja zu uns, wir lieben uns und können jetzt überzeugender Ja zu unseren Mitmenschen sagen und sie lieben. Davon geht ein Duft aus, ein »Lebensduft, der Leben verheißt«, wie es im 2. Korintherbrief heißt.

Reflexion:

Welche Einstellung, welche Gefühle haben Sie sich selbst gegenüber? Sind Sie mit sich zufrieden? Haben Sie ein positives, herzliches Verhältnis zu sich selbst oder lehnen Sie sich ab, erachten Sie sich für nicht liebenswert?

Sprechen Sie folgende Worte in Ihrem Herzen nach:

Ich nehme alles, was mich ausmacht, was zu mir gehört, an. Ich habe kein schlechtes Gewissen, weil ich nicht so bin, wie meine Eltern, die Gesellschaft, die Kirche, angeblich Gott mich haben will, ich sein soll oder sollte. Ich bin der untadelige Bürger, der seine Steuern zahlt, der fromme Christ, der regelmäßig zum Gottesdienst geht. Ich bleibe aber auch weit hinter meinen eigenen Erwartungen, wie ich zu sein habe, zurück. Ich entspreche nicht immer dem Bild, das andere von mir haben.

Ich mache mich deswegen aber nicht herunter, fühle mich deswegen nicht schlecht, schäme mich deswegen nicht, sondern sage aus der Tiefe meines Herzens heraus: Das alles bin ich auch. Das gehört auch zu mir. Ich nehme mich so an, wie ich bin. Ich treibe keinen

Keil zwischen dem anscheinend Positiven und Guten auf der einen Seite und dem anscheinend Negativen und Schlechten auf der anderen Seite, um dabei das Gute zu begrüßen und das Schlechte zu verachten. Ich schaue liebevoll auf mich, sage Ja zu mir, küsse alles, was mich ausmacht.

Ich spüre, wie ein innerer Frieden bei mir einkehrt. Ich erfahre, was es heißt, angenommen zu sein, so wie ich bin. Erlösung geschieht. Erlösung von dem Druck, der auf mir lastet, von der Scham, die mich und meine Gefühle vergiftet, wenn ich mir ständig vorhalte, wie weit ich doch von dem entfernt bin, der ich eigentlich sein sollte. Jetzt kann ich durchschnaufen. Jetzt bin ich frei. Jetzt entscheiden nicht länger andere, wie ich zu sein habe.

Anderen und uns selbst gegenüber mitfühlend sein

Für andere da zu sein, ihnen zu helfen, sei es als Familienmitglied oder als professionelle Helfer und Helferinnen, kann dazu führen, dass wir uns total verausgaben. Am Ende bedürfen wir dann selbst der Hilfe anderer. Das dürfen wir nie vergessen, wollen wir verhindern, innerlich auszubrennen, die Lust am Leben und an unserer Arbeit zu verlieren. Wir können unseren Beitrag dazu leisten, wenn wir für uns erkannt haben, dass die Leidenschaft für andere, das Mitgefühl, das wir für sie empfinden, einhergeht mit der Leidenschaft und dem Mitgefühl uns selbst gegenüber. In dem englischen Wort für Mitgefühl und Mitleid *compassion* findet sich auch der Begriff für Leidenschaft: *passion*. Außerdem steckt in dem Wort *compassion* das Wort Passion, mit dem das Leiden und Sterben Jesu bezeichnet wird.

Leidenschaft, Mitgefühl, Leiden, Mitleid – sie verbindet etwas miteinander. Leidenschaft ist ein Lebenselixier, das sich aber auch schnell in Lebensüberdruss verkehren kann und Apathie, wenn wir sie nicht mehr zügeln können. Auch in unserem Mitgefühl oder Mitleid kann Leidenschaft vorhanden sein. Dieses Mitgefühl, manchmal auch Mitleiden, schafft Leiden, wenn uns etwas zu nahe geht. Wollen wir ein erfüllendes Leben führen, müssen wir auf der einen Seite unsere Lebenskraft, Leidenschaft und unser Mitgefühl zulassen. Um aber zu verhindern, dabei unsere Grenzen zu überschreiten und schließlich uns zu verausgaben, zu viel von uns zu geben, müssen wir auf der anderen Seite in der Lage sein, uns zurückzunehmen und zu schonen.

Das tun wir, wenn wir uns selbst gegenüber verständnisvoll sind, mit uns selbst mitfühlen, ja uns selbst gegenüber Mitleid empfinden können. Das aber ist gar nicht so einfach. Denn: »Der Weg zum Nahen ist für uns Menschen jederzeit der weiteste und darum schwerste«, meint der Philosoph Martin Heidegger (1985, 21). Wir sind oft gerne bereit, anderen unser Mitgefühl zu schenken, ihnen zu verzeihen, wenn sie Fehler machen, nicht den Erwartungen entsprechen, die man in sie setzte. Wenn es aber um uns selbst geht, wir Fehler machen, wir den Erwartungen anderer, oft aber auch den eigenen, nicht entsprechen, dann zögern wir oder sind nicht bereit, uns verstehend, mitfühlend zu begegnen. Wir können uns das oft nicht verzeihen und vergeben, sondern machen uns Vorwürfe und machen uns herunter. Sehr treffend beschreibt das der Tiefenpsychologe Carl Gustav Jung (2015, 348):

> »Daß ich den Bettler bewirte, daß ich dem Beleidiger vergebe, daß ich den Feind sogar liebe im Namen Christi, ist unzweifelhaft hohe Tugend. Was ich dem Geringsten unter meinen Brüdern tue, das habe ich Christus getan. Wenn ich nun aber entdecken sollte, daß […] der Frechste aller Beleidiger, ja der Feind selber in *mir* ist, ja daß ich selber des Almosens meiner Güte bedarf, daß ich mir selber der zu liebende Feind bin, was dann? Dann dreht sich in der Regel die ganze christliche Wahrheit um, dann gibt es keine Liebe und Geduld mehr […], dann verurteilen wir und wüten gegen uns selbst.«

Erst wenn wir uns eingestehen und das dann auch annehmen können, dass wir unvollkommen sind und Fehler machen und machen dürfen, findet in uns eine Verwandlung statt. Wir kommen in Berührung mit unserer Menschlichkeit, die immer auch mit der Erfahrung von Unzulänglichkeit und Fehlerhaftigkeit einhergeht. Wir stehen zu unserer Menschlichkeit, versöhnen uns mit uns, nehmen uns mit unseren Lichtseiten und Schattenseiten an.

Die hartherzige Haltung uns selbst gegenüber, die uns das Leben schwer macht, indem sie uns ständig vorhält, wie sehr wir hinter unseren Idealen zurückbleiben, wird dabei entthront. An ihre Stelle tritt eine Haltung und Einstellung, die mit einem liebevollen und verständnisvollen Blick auf uns schaut. Jetzt gehen wir liebevoller mit uns um. Wir sind zufriedener mit uns und unserer Arbeit, da wir nicht länger die Latte zu hoch hängen und enttäuscht sind, wenn wir die Hürde nicht schaffen. Das aber entlastet uns und lässt in uns wieder Lust am Leben aufkommen.

Da wir uns selbst gegenüber verständnisvoll und einfühlsam sein können, fällt es uns auch leichter, in dieser Haltung anderen zu begegnen. »Aber ich bin realistisch genug, um zu wissen, dass dem freien Strom von Sorge und Mitgefühl Hindernisse entgegenstehen« (Easwaran 2002, 162). Es sind oft Eigenarten der anderen, ihr fehlerhaftes Verhalten, die uns nerven oder es ist ihr bestimmtes Auftreten, das wir vielleicht als Arroganz oder Dominanzverhalten erleben. Also meiden wir diese Leute, geschweige denn, dass wir ihnen Wohlwollen und Verständnis entgegenbringen. Doch ich denke, wir sollten nicht so schnell aufgeben und den anderen eine Chance geben. Vor allem aber sollten wir es auf den Versuch ankommen lassen, wie es uns damit geht und wozu das führt, wenn wir es tatsächlich versuchen, anderen mit Wohlwollen, Verständnis und Mitgefühl zu begegnen.

Dann öffnen wir unser Herz dem Leben und der Liebe. Wir lassen anderen gegenüber unsere Leidenschaft zu, zeigen ihnen gegenüber unser Mitgefühl. Wir sehen über ihre Fehler hinweg, verzeihen und vergeben ihnen. Wir verhalten uns genauso auch uns gegenüber. Solange uns das gelingt, laufen wir nicht Gefahr, innerlich auszubrennen. Wir spüren dann, wenn es zu viel an Leidenschaft und Engagement wird, und werden dann, da wir uns selbst wichtig sind, wir uns in uns einfühlen können, entsprechend dagegensteuern.

Reflexion:
Wie gehen Sie mit sich um? Sind Sie sich selbst gegenüber nachsichtig oder fällt es Ihnen schwer, es sich zu verzeihen, wenn Sie einen Fehler begangen haben? Wie wirkt sich Ihr Verhalten sich selbst gegenüber auf Ihr Verhalten anderen gegenüber aus? Können Sie ihnen eher verzeihen, Fehler zugestehen, wenn Sie das auch sich gegenüber tun können?

Vom Macher zum Weisen werden

»Ich bin mir nicht sicher, ob es immer so ist, dass der Schnellere gewinnt. Man kann auch sagen, dass manchmal der Weisere gewinnt«, so der Psychologe Jochen Auer (zit. nach Popp 2018). Der Weisere ist für ihn der, der mit seinen Ressourcen am sinnvollsten und nachhaltigsten umgeht. Für Eknath Easwaran (2002, 110) ist im Unterschied zum »Homo Faber«, dem Macher, der ununterbrochen tätig ist und etwas produzieren muss, der Homo sapiens ein echter Weiser, der ab und zu innehält, um sich mit den tieferen Fragen des Lebens zu beschäftigen. Zu diesen Fragen zählen: Warum tue ich das, was ich gerade tue, was ist mir wichtig in meinem Leben oder wie will ich mein Leben gestalten? »Der Weise ist ruhig, niemals rastlos oder ungeduldig. Er verweilt jeden Augenblick dort, wo er gerade ist, wie manche Wanderer bei jedem Schritt ihren Körper ausruhen, während andere ihre Beinmuskeln nie entspannen, bis die angestaute Müdigkeit sie zum Anhalten zwingt« (Thoreau 1996, 33).

Allein sich dafür Zeit zu nehmen, um innezuhalten, kann zur Entschleunigung oder besser zum Enthetzen beitragen. Andere Möglichkeiten sind, sich im Tages- und Wochenablauf immer wieder Oasenzeiten zu gönnen, bei denen wir für einen Moment aus dem üblichen Zeitrhythmus ausscheren. Pausen, ein bewusstes Ein-und Ausatmen, ein kurzer Besuch in einem Raum, der zur Stille einlädt, helfen, etwas Abstand zu bekommen zum alltäglichen Geschäft und dem Druck, immer etwas tun zu müssen. Sie laden uns ein, herunterzukommen, eine gemächlichere Gangart einzulegen. Sie lassen uns erfahren, dass es neben der Arbeit, der Pflicht, dem »Du musst«, auch noch ein anderes Leben gibt.

Ob sie aber genügen, uns vom Macher zum Weisen zu machen? Können sie uns den Druck nehmen, unter dem wir stehen, etwas tun und leisten zu müssen? Zumindest den Druck, den wir selbst zu verantworten haben? Manchmal sind tiefere Gründe für diesen Druck, der zu einem inneren Ausbrennen führen kann, verantwortlich: zum Beispiel ein sehr stark ausgeprägtes Verantwortungsgefühl oder unser Perfektionismus. Wir meinen dann, wenn wir es nicht tun, tut es niemand. Oder wir glauben allmächtig, allwissend, allgegenwärtig zu sein oder sein zu müssen. Und was wir tun, muss hundertprozentig sein, darf keinen Anlass zur Kritik geben.

Die Erfahrung sollte uns lehren, dass wir das nicht leisten können. Weil wir eben nicht allmächtig, allwissend sind und auch nicht sein müssen. Weil wir nicht allgegenwärtig sein können und natürlich auch Fehler machen. Solange wir das aber nicht einsehen und akzeptieren, werden wir noch eins drauflegen, einen noch schnelleren Gang einlegen, um schließlich auf der Strecke zu bleiben. Erschwerend kann bei manchen hinzukommen, wenn sie sich so total mit ihrer Arbeit und dem Erfolg ihrer Arbeit identifizieren, dass sie alles daransetzen, erfolgreich zu sein. Tritt der Erfolg nicht ein, strengen sie sich noch mehr an.

Um aus diesem Teufelskreis herauszukommen, bedarf es der weisen Einsicht, dass wir so unser Problem nicht lösen, es eher noch vergrößern. In solchen Situationen kann man, wenn man beobachtet, wie jemand immer schneller läuft, immer hektischer wird, sich wie in einem Hamsterrad immer schneller im Kreis bewegt und keinen Ausweg findet, zunächst nur mit Loriot ausrufen: »Ja, wo laufen sie denn?« Ja, wo laufen wir denn hin, wozu führt das, wenn wir unter einem solchen Druck stehen? Warum tun wir das? Um dann festzustellen: Wir machen uns manchmal selbst den Druck.

Wir jagen einer Vorstellung von uns, wie wir zu sein haben, hinterher. Wir gehen voll in die Rolle des Machers, der ohne nach rechts oder links zu schauen, schon gar nicht sich Zeit nimmt, innezuhalten und nach innen zu schauen, einfach loslegt. Auf seine Kosten, denn er ist prädestiniert für einen Burn-out. Aber auch auf Kosten der anderen, die er vor sich herjagt – ohne Rücksicht auf Verluste. Da gibt es Seelsorger, die zur spirituellen Maschine werden, ohne zu merken, wie abstoßend ihr Verhalten auf andere wirkt.

Oder die Abteilungsleiterin sieht nur den Auftrag, die Abteilung auf Vordermann beziehungsweise Vorderfrau zu bringen. Sie zieht das durch. Freistellen heißt das dann, wenn Leute gekündigt werden müssen. Sie setzt sich über die Gefühle anderer, aber auch über ihre eigenen hinweg.

Es sind die Macher, die ausbrennen. »Ein *Macher* ist kein Sitzer, Steher oder Lieger. Er ist kein Gucker, Warter oder Daumendreher. Ein *Macher* ist ein *Macher*«, so wird im digitalen Wörterbuch der deutschen Sprache ein Macher beschrieben. Der Macher sollte aber nicht nur negativ gesehen werden. Es hat schon auch etwas für sich, wenn jemand zupacken und entscheiden kann. Hier geht es darum, den Macher in uns mit einem Schuss Gelassenheit auszustatten, sodass er zu einem lässigen Macher wird und schließlich seine Fähigkeit zuzupacken gepaart wird mit einem Schuss Weisheit, die ihn seine Tatkraft verantwortungsvoll, achtsam und klug einzusetzen hilft.

Was der Macher außerdem braucht, ist die Fähigkeit, entspannen zu können. Nichtstun nicht nur aushalten, sondern auskosten zu können. Dann sollte er ab und zu innehalten. Für die Griechen war die Muße ein Innehalten, um das Eigentliche zu bekommen und den inneren Reichtum der Seele zu entdecken. Die Muße ist für sie weiter ein Kennzeichen des freien Menschen, der nicht unter der Sklaverei der Arbeit steht, sondern sich Zeit lässt, die Wahrheit der Welt zu erkennen. Er greift nicht ein, sondern öffnet sich. Er packt nicht zu, sondern, so Joseph Pieper (1995), lässt los, lässt sich los – fast wie ein Schlafender.

Wenn wir dahin kommen – und das wird seine Zeit brauchen –, können wir zu einer Denkart und Einstellung umschalten, bei denen wir uns sagen, wir sind einfach da, wir tun, was wir tun können, und das, was wir tun, geschieht einfach. Wir stehen nicht länger unter dem Druck, unbedingt etwas tun zu müssen. Was wir tun, fließt aus uns heraus. Wir führen ein Gespräch, halten einen Gottesdienst, pflegen die kranke Mutter, kümmern uns um unser Baby. Wir befinden uns in diesem Moment so sehr im Einklang mit unserem Tun, dass wir selbst die Aktion sind (vgl. Dass/Gorman 2007, 194ff).

Wir können entspannen, sind einfach wir selbst. Wir definieren uns nicht länger über unsere Arbeit. Wir stellen mit Erstaunen fest, dass uns vieles leichter von der Hand geht und wir vieles erreichen, wenn wir in dieser Haltung handeln. Wir tun nicht weniger als die Macher, aber es macht uns mehr Spaß als ihnen, für die Spaß ein Fremdwort zu sein scheint, und im Unterschied zu ihnen sind wir weniger gefährdet, innerlich auszubrennen. Dabei vergessen wir nicht, dass wir vielleicht selbst einmal zu ihnen gehörten und höllisch aufpassen müssen, dass uns das nicht wieder widerfährt. Wie recht doch Laotse hat, wenn er sagt: »Der Weise tut nichts, doch nichts bleibt ungetan.« (vgl. Dass/Gorman 2007, 194ff)

Reflexion:
Wie erleben Sie sich? Machen Sie sich Druck bei der Arbeit? Muss alles schnell gehen? Fühlen Sie sich für alles verantwortlich? Oder können Sie die Dinge manchmal auch einfach laufen lassen? Kennen Sie die Erfahrung, dass Sie eins sind mit dem, was Sie tun, es Ihnen leicht von der Hand geht, Sie einfach tun, was zu tun ist und

das ohne große Anstrengung? Sind Sie eher eine Macherin? Oder eher eine Weise? Oder beides? Was möchten Sie ändern? Wer, was kann Ihnen dabei helfen?
Gönnen Sie sich ab und zu eine Auszeit und im Tages- und Wochenablauf Oasen, die zum Enthetzen beitragen? Führt das zur Erholung und wenn ja, wie lange hält die Erholung an? Kann es aber auch sein, dass Sie damit dazu beitragen, dass die hohe Geschwindigkeit weiterhin möglich ist. Was könnte eine nachhaltigere Weise sein, um der Hetze zu entgehen und erfüllter zu leben?

Uns schützen und »Nein« sagen können

Es liegt großenteils in unserem Ermessen, den eigenen Fallen, die uns anfällig für ein Burn-out machen, auf die Schliche zu kommen und dem entgegenzuwirken, manchmal auch mithilfe von Supervision oder psychologischer Begleitung. Schwieriger wird es für uns, wenn der Druck von außen kommt. Das kann der Arbeitgeber sein, der dahinter her ist, dass die Bilanzen stimmen, die Konkurrenz nicht noch schneller ist. Es kann das Zeitfenster sein, innerhalb dessen bestimmte Dinge erledigt sein müssen, koste es, was es wolle und sei es unsere Gesundheit.

Ich habe den Eindruck, dass viele Arbeitgeber inzwischen dazugelernt und eingesehen haben, dass sie von gesunden Mitarbeitern und Mitarbeiterinnen auf Dauer mehr haben. Sie haben daher Verständnis dafür, dass ihre Mitarbeiter sich angemessen erholen, und unterstützen auch Maßnahmen, die dafür notwendig sein können. Dennoch bleibt bei vielen der Druck von außen, der zum Burnout führen kann. Sie sehen sich vor allem auch aus wirtschaftlichen Gründen gezwungen, den Druck aushalten zu müssen, da es für sie keine Alternativen gibt. Der Rechtsgrundsatz *ultra posse nemo tenetur,* also *niemand ist gehalten, mehr zu tun, als er kann,* wird hier zur Farce. Wenn wir aber ständig mehr an Energie geben müssen als vorhanden ist, führt das unweigerlich zum inneren Ausbrennen.

Damit soll nicht gesagt werden, dass Arbeit nicht auch mit Stress verbunden ist und uns herausfordern darf. Wir wissen, dass wir an Herausforderungen auch wachsen; sie uns, wie es das Wort sagt, herausfordern, etwas zu wagen, etwas auszuprobieren, manchmal auch es darauf ankommen zu lassen, um zu sehen, wie viel wir uns zumuten können. Auch ist es ein schönes Gefühl, wenn wir etwas, das wir uns vorher nicht zugetraut haben, meistern. Bei dem Stress, den wir dabei erleben, handelt es sich um den sogenannten Eustress, der uns anstachelt und unserer Gesundheit nicht schadet.

Anders verhält es sich bei dem sogenannten Distress. Dieser wirkt sich negativ auf unseren Geist, unseren Körper und unsere Seele aus und kann zu einem Burn-out führen, bei dem wir am Ende mit hängender Zunge dastehen und nicht mehr weiterwissen. Wollen wir vermeiden, dass es soweit kommt, müssen wir daher diesen Satz, dass niemand gehalten ist, mehr zu tun, als er kann, verinnerlichen. Es muss für uns ganz klar sein, dass dieser Satz seine Berechtigung hat und für alle, damit aber auch für uns selbst, gilt.

Erst wenn wir ihn uns zu eigen gemacht haben, wir voll und ganz dahinterstehen, werden wir nicht schwach werden, uns dagegen wehren, wenn Stimmen von außen von uns fordern, mehr zu tun, als wir tun können, und uns vielleicht sogar mit Sanktionen drohen, wenn wir uns nicht daran halten. Aber auch Stimmen von innen, die uns einflüstern, so einfach darfst du es dir nicht machen, in deinem Fall, in deinem Beruf, gelten andere Maßstäbe, du musst alles geben, allen alles sein usw., werden wir Einhalt gebieten und ihnen nicht folgen.

Manchmal, wenn keine Einsicht da ist, die Situation so verfahren ist, dass wir für den Moment nichts bewirken können, bleibt uns nichts anderes übrig, als die Verrücktheit der Situation zu umarmen, um nicht selbst verrückt zu werden (vgl. Dass/Gorman 2007, 199). Wir nehmen dann nicht alles so tierisch ernst, können über das unmögliche Verhalten des Chefs lachen. Wir geben Albert Einstein recht, wenn er meint, dass der Hauptgrund für Stress der tägliche Kontakt mit Idioten ist.

Ich betone das so sehr, weil ich vielen Personen begegnet bin, die sich unheimlich schwertun, »Nein« zu sagen, wenn Wünsche oder Aufträge an sie herangetragen werden, die sie nicht erfüllen wollen oder können. Sie haben dann oft ein schlechtes Gewissen, weil sie aufgrund ihrer persönlichen Vorstellungen oder auch Überzeugungen meinen, der alten Mutter, dem hilfsbedürftigen Patienten oder der Chefin, die auf sie zählt, den Wunsch nicht abschlagen zu dürfen. Im Einzelfall kann es angebracht, notwendig oder einfach klug sein, den Wünschen zu entsprechen. Wenn das auf Dauer auf Kosten dessen geht, an den der Wunsch herangetragen wird, schadet es dieser Person. Davon hat aber letztlich niemand etwas.

Wieder ganz anders sieht es aus, wenn Mitarbeiter und Mitarbeiterinnen zufrieden sind, sie gerne zur Arbeit gehen, das, was sie tun, aus ihnen »fließt«. Man spricht ja auch von Flow, wenn uns etwas leicht von der Hand geht, wir ohne große Anstrengung das, was wir tun, tun. Dann können wir auch unser Bestes geben. Verlangt man aber von uns, mehr zu tun, als wir können, wirkt sich das negativ auf unsere Arbeit und auf unsere Zufriedenheit aus. Also, warum nicht das fördern, was zu unserer Zufriedenheit und am Ende zu einem viel besseren Ertrag beiträgt?

Reflexion:
Wie groß ist der Druck, den Sie von außen spüren? Wie groß ist der Druck, den Sie von innen spüren? Wie gehen Sie damit um? Kapitulieren Sie davor? Oder nehmen Sie es mit ihm auf, wehren Sie sich? Sind Sie davon überzeugt, dass niemand von Ihnen verlangen kann, mehr zu tun, als Sie tun können? Machen Sie die Erfahrung, Ihr Bestes geben zu können, wenn Sie nicht überfordert werden?

TEIL III

... damit wir nicht den Kontakt zur Welt, den Menschen und der Natur verlieren

Es tut uns gut, uns im Tages- und Wochenablauf immer wieder Oasenzeiten zu gönnen, in denen wir für einen Moment aus dem üblichen Zeitrhythmus ausscheren. Sie tragen zur Entschleunigung bei und ermöglichen es uns, neue Energie zu tanken. Aber geht es tatsächlich in erster Linie um Entschleunigung? Schnell zu sein, hat auch seine Vorteile, genauso wie langsam zu sein, seine Nachteile haben kann. Worum es wirklich geht, ist der Abbau einer Geschwindigkeit, die sich negativ auf unsere Gesundheit und unser Wohlbefinden auswirkt (vgl. Geissler 2012, 70).

Der Zeitdruck, dem wir ausgesetzt sind, und die ständige Ablenkung, die wir allenthalben erleben, führen dazu, dass wir immer weniger in Kontakt kommen mit unserem Gegenüber. Dieses Gegenüber können unsere Partner, Freunde, Arbeitskollegen, aber auch die Welt, die uns umgibt, die Stadt, in der wohnen, unser Arbeitsplatz, die Natur usw. sein. Wir machen nicht länger die Erfahrung, mit unserem Gegenüber in Berührung zu sein. Wir erhalten keine Antwort von ihm. Sie lösen keine Resonanz in uns aus. Wir haben daher das Gefühl, dass unsere Mitwelt und Umwelt kalt, stumm und leer sind, wir ihnen gleichgültig sind (vgl. Rosa 2016b).

Das lässt uns einsam zurück. Denn »der Mensch ist von seiner Natur aus auf Resonanzerfahrungen angewiesen«, meint Hartmut Rosa. Diese Erfahrung können wir alleine durch Oasen im Alltag oder eine Auszeit nicht wettmachen. Hier müssen wir grundlegender ansetzen. Es erfordert nicht weniger, als eine andere Art in der Welt zu sein, als wir das normalerweise in unserer schnelllebigen Zeit tun. Wir müssen lernen, sensibler dafür zu werden, wie wir im Alltag selbst mit der Welt, den Menschen, der Natur in Berührung kommen. Dann werden wir wieder die Resonanz erfahren, nach der wir uns so sehr sehnen (vgl. Rosa 2017, 362). Dann wird unser Leben wieder erfüllter sein.

Die Welt zum Singen bringen

Ob wir die Welt als stumm und kalt erleben oder sie zu uns spricht und wir uns in ihr wohlfühlen, hängt auch von uns ab. Offensichtlich haben wir das Verlangen danach, dass die Welt singt, und leiden darunter, dass wir den Gesang so selten vernehmen. »Wir beschallen Aufzüge, Flughäfen und Supermärkte mit Dauermusik, um uns das Gefühl zu geben, dass sie noch singt. Wir tragen Kopfhörer, weil wir den realen Welten, die wir durchqueren, keine Resonanzqualitäten mehr zutrauen und uns daher durch unsere IPod-Musik in eine Art Eigenresonanz versetzen. Wir sind süchtig nach E-Mails und SMS, wir zählen unsere Freunde und Follower auf Facebook und Twitter, weil sie alle uns

Resonanz signalisieren. Die Welt nimmt uns noch wahr, sie antwortet noch, wir sind verbunden« (Rosa 2013, 28).

Es klingt wie ein Hilfeschrei. Je größer die Not, desto lauter und schriller, desto mehr und noch mehr und … Dabei tritt oft genau das Gegenteil ein. Wir entfernen uns immer mehr von der realen Welt und dem Gefühl, mit ihr in Kontakt zu sein. Wir bekommen von unserem Gegenüber keine Antwort, erfahren keine Resonanz. Wir jagen dieser Erfahrung nach in der irrigen Meinung, durch möglichst viele sogenannte Kontakte und Unternehmungen die ersehnte Resonanz doch noch zu erhalten. Weil das, was wir damit erreichen, uns nicht nährt, strengen wir uns immer mehr an, werden wir immer schneller und vereiteln durch die Hetze, einen wirklichen Kontakt, eine echte Berührung herbeizuführen. Die ersehnte Zufriedenheit und die Erfüllung stellen sich nicht ein. Stattdessen geraten wir in Stress. Wir verausgaben uns, verzehren alle Kräfte im vergeblichen Bemühen, die erwünschte Resonanz zu erfahren.

Was können, was müssen wir tun, um im Alltag, im täglichen Miteinander, beim Ausüben unserer Arbeit, beim Aufenthalt in der Natur die erwünschte Resonanzerfahrung zu machen? Damit wir die ersehnte Erfüllung erfahren und damit weniger der Gefahr ausgesetzt sind, innerlich auszubrennen? Wir müssen, so der Soziologe Hartmut Rosa (vgl. 2013, 28), eine geradezu leidenschaftliche Bindung an die Menschen, die Räume, die Aufgaben entwickeln, mit denen wir es zu tun haben. Wir müssen unsere Familie, unsere Arbeit, unsere Hobbys wertschätzen und um ihrer selbst willen lieben. Also nicht nur arbeiten, um Geld zu verdienen, eine Familie haben, um nicht alleine zu sein, Sport treiben, um schlank zu bleiben, sondern an ihnen um ihrer selbst willen interessiert sein. Wir müssen mit dem, was wir tun, was uns umgibt, mit den Menschen, die um uns und mit uns leben, mit unserer Arbeit, der wir jeden Tag nachgehen, in Berührung kommen. Sie müssen uns wirklich etwas bedeuten. Wir müssen sie wertschätzen, ja lieben.

Wenn uns das gelingt, entsteht so etwas wie ein ›vibrierender Draht‹ (vgl. Rosa 2013, 28) zwischen uns und ihnen, kommt es zu einer Berührung, die eine Resonanz in uns auslöst. Es ist dann wie bei einem Stromkreislauf, der funktioniert, wenn der Kontakt zur Stromquelle hergestellt ist. Wir fühlen uns nicht länger getrennt von unserer Mitwelt und Umwelt. Sie antworten, lösen eine Resonanz in uns aus. Zumindest besteht jetzt die Chance dazu. Wir machen eine Erfahrung, nach der wir uns sehnen und die uns ein Gefühl von Erfüllung beschert. Wir stellen mit Erstaunen fest, dass die Welt, in der wir leben, die Menschen um uns herum, die Natur, die Schöpfung, das Universum nicht länger stumm bleiben, sondern anfangen zu singen.

Auch Gegenstände, Dinge sind davon nicht ausgeschlossen. Einmal ist es ein Gemälde, das wir betrachten. Dann handelt es sich um Musik, der wir lauschen und die uns berührt. Selbst unser Auto oder die Maschine, an der wir arbeiten, können damit gemeint sein. Entscheidend ist, dass wir in eine Beziehung zu ihnen treten und damit eine Verbindung zu ihnen herstellen, die nicht ohne Wirkung, ohne Resonanz, bleibt. Martin Buber (1999, 194) berichtet von einem Buchdrucker, der seine Beziehung zu seiner Maschine als dialogisch erlebte. So habe er gelegentlich das Summen seiner Druckmaschine als »ein lustiges und dankbares Lächeln« an ihn vernommen, »dass er geholfen, die Schwierigkeiten und Hindernisse, die sie störten, schrammten und schmerzten, zu beseitigen, sodass sie jetzt frei laufen konnte«.

Was der Soziologe Hartmut Rosa unter Resonanz versteht, erinnert mich sehr stark an Martin Buber und sein dialogisches Prinzip, nach dem die Begegnung mit dem Du sich nicht nur auf die Begegnung mit Menschen beschränkt, sondern sich in aller Weltbegegnung findet. Wollen wir, dass die Welt um uns herum singt und dieser Gesang etwas bei uns auslöst und berührt, uns berührt, müssen wir in eine Beziehung zur Welt treten. Das aber können wir nur tun, wenn wir uns Zeit lassen, im Augenblick leben, ganz präsent sind. Das ist die Voraussetzung, um einen echten Kontakt zu anderen Menschen und zu unserer Umwelt herzustellen, gar mit ihnen in Berührung kommen zu können.

Wenn wir aber die Dinge langsamer angehen und die Hetze, die wir im Getriebe des Alltags oft an den Tag legen, hinter uns lassen, wirkt sich das positiv auf unsere körperliche Gesundheit und unser seelisches Wohlbefinden aus. Sind wir wirklich präsent, erfahren wir zugleich auch die Erfüllung, nach der wir vergeblich Ausschau halten, solange wir durchs Leben hetzen. Wie recht doch Henry David Thoreau (1996, 82f) hat: »Für den gesunden Menschen ist die Welt ein Musikinstrument. Schon die geringste Berührung gewährt höchste Lust.«

Reflexion

Wie erleben Sie Ihre Mitwelt und Umwelt? Haben Sie den Eindruck, dass sie singt? Oder erleben Sie sie eher als stumm und kalt? Was können Sie dazu beitragen, dass die Welt singt, Sie von ihr eine Antwort bekommen, eine Resonanz erfahren?

Gönnen Sie sich ab und zu eine Auszeit, schaffen Sie sich Oasen, in denen Sie für eine Weile der Hektik des Alltags entfliehen können. Doch versuchen Sie auch, mehr Erfüllung im normalen Alltag zu erfahren, indem Sie der Welt um Sie herum, dem, was Sie tun, vor allem aber den Menschen, auf die Sie treffen, in einer liebenden Einstellung begegnen. Dann kann so etwas wie ein »vibrierenden Draht« zwischen Ihnen und Ihrer Mit- und Umwelt entstehen, der bewirkt, dass etwas widerhallt, Sie etwas zurückbekommen. Fangen Sie nicht erst morgen, sondern heute damit an!

Mit der Schöpfung in Berührung sein

»Letztendlich sind wir dem Universum egal« heißt der Titel eines Buches, in dem es um die Liebe geht. Mich erinnert das an den Bestseller-Autor und Psychoanalytiker Irvin D. Yalom, der davon ausgeht, dass das Leben im Allgemeinen und unser menschliches Leben im Besonderen aus Zufallsereignissen entstanden sind. Es liegt in der Verantwortung des Einzelnen, das Beste aus seinem Leben zu machen.

Für ihn gibt es auch keine höhere Macht, die um uns weiß, geschweige denn, uns behütet und liebt.

Das Universum hat letztendlich tatsächlich kein Interesse an uns, so sehr wir uns auch danach sehnen mögen, dass wir ihm etwas bedeuten, wir uns als Teil von etwas Größerem erfahren. Aber auch wenn das Universum kein Interesse an uns hat, macht es etwas mit uns, löst es etwas in uns aus. Erfahren wir eine Resonanz. Wenn wir uns zum Beispiel alleine in der Natur aufhalten, gar in einer wunderschönen Berglandschaft in der Nacht auf den Sternenhimmel schauen, überkommt uns ein Gefühl von Erhabenheit. Oder wenn wir den Sternenhimmel betrachten und dabei an das Gedicht von Matthias Claudius denken: »Der Mond ist aufgegangen, die goldnen Sternlein prangen am Himmel hell und klar«, löst das eine angenehme Resonanz in uns aus. Ähnlich kann es uns bei einem Spaziergang im Wald oder bei einem Aufenthalt am Meeresstrand ergehen, wenn die Wellen anrollen und der Wind uns berührt. Wir fühlen uns in solchen Situationen verbunden »mit einer lebendigen, atmenden, antwortenden tiefen Sphäre. Unsere Seele, sogar unser Leib weitet sich in solchen Momenten« (Rosa 2013, 29).

Der Mystiker Thomas Traherne (1996, 57) schreibt in einem Gedicht mit dem Titel »Staunen« über seine Erfahrungen in der Schöpfung:

Staunen
Wie kam herab ich engelgleich,
Wie strahlt' hier jedes Ding,
Als ich in Seine Schöpfung erstmals ging,

Wie krönte doch ihr Glanz mich reich!
Die Welt glich Seiner Ewigkeit. – Entzückt
Schritt meine Seele hier,
Und jedes Ding, das ich erblickt,
Es sprach mit mir.

(Thomas Traherne)

Wir erleben uns in solchen Momenten, in denen jedes Ding, das wir erblicken, mit uns spricht, nicht länger wie Ausgesetzte, die ohne Bezug zum Universum beziehungsweise der Schöpfung, auf sich alleine gestellt sind. Wir sind vielmehr ein Teil davon. Die Kreaturen, so Martin Buber, regen sich uns gegenüber, aber vermögen nicht zu uns zu kommen. Wir aber können ihnen nahekommen, wenn wir in Beziehung zu ihnen treten, versuchen, uns in sie einzufühlen. Das können wir, wenn wir sie mit den Augen unserer Seele betrachten, wie es Martin Buber (1999, 10ff) bei der Betrachtung eines Baumes tut:

Ich betrachte einen Baum

Ich kann ihn als Bild aufnehmen: starrender Pfeiler im Anprall des Lichts,
oder das spritzende Gegrün von der Sanftmut des blauen Grundsilbers durchflossen.
Ich kann ihn als Bewegung verspüren: das flutende Geäder am haftenden und strebenden Kern,
Saugen der Wurzeln, Atmen der Blätter, unendlicher Verkehr mit Erde und Luft
und das dunkle Wachsen selber.
Ich kann ihn einer Gattung einreihen und als Exemplar

beobachten, auf Bau und Lebensweise. Ich kann seine Diesmaligkeit und Geformtheit so hart überwinden,
dass ich ihn nur noch als Ausdruck des Gesetzes erkenne –
der Gesetze, nach denen ein stetes Gegeneinander von Kräften sich stetig schlichtet,
oder der Gesetze, nach denen die Stoffe sich mischen und entmischen.
Ich kann ihn zur Zahl, zum reinen Zahlenverhältnis verflüchtigen und verewigen.
In all dem bleibt der Baum mein Gegenstand und hat seinen Platz und seine Frist, seine Art und Beschaffenheit.
Es kann aber auch geschehen, aus Willen und Gnade in einem, dass ich, den Baum betrachtend,
in die Beziehung zu ihm eingefasst werde, und nun ist er kein ES mehr. Die Macht der Ausschließlichkeit hat mich ergriffen.
Vielmehr ist alles, Bild und Bewegung, Gattung und Exemplar, Gesetz und Zahl, mit darin, ununterscheidbar vereinigt. Alles, was dem Baum zugehört,
ist mit darin, seine Form und seine Mechanik, seine Farben und seine Chemie,
seine Unterredung mit den Elementen und seine Unterredung mit den Gestirnen,
und alles in einer Ganzheit.
Kein Eindruck ist der Baum, kein Spiel meiner Vorstellung, kein Stimmungswert, sondern er bleibt mir gegenüber und hat mit mir zu schaffen, wie ich mit ihm – nur anders.

> Man suche den Sinn der Beziehung nicht zu entkräften: Beziehung ist Gegenseitigkeit.
> So hätte er denn ein Bewusstsein, der Baum, dem unsern ähnlich?
> Ich erfahre es nicht. Aber wollt ihr wieder, weil es euch an euch geglückt scheint, das Unzerlegbare zerlegen? Mir begegnet keine Seele des Baums und keine Dryade (Baumgeist), sondern er selber.
>
> *(Martin Buber)*

Das Universum ist kalt und leblos, es sei denn wir treten in Beziehung zu ihm. Dann ist es uns nicht egal und wir sind ihm nicht länger egal. Oder denken wir an Gott. Der Unbegreifliche, das Geheimnis schlechthin. Gott erscheint vielen auch als kalt und leblos, sofern sie überhaupt an ihn glauben. »Schweig doch nicht, o Gott, bleib nicht still, o Gott, bleib nicht stumm« (Psalm 83,2), so flehen wir manchmal zu Gott. »Wenn ich rufe, erhöre mich« (Psalm 4,1).

Und bekommen wir eine Antwort, gibt es da eine Resonanz? Manche würden sagen: Was soll diese Frage? Natürlich nicht. Weil da nichts ist. Andere würden sagen: Natürlich bekomme ich eine Antwort. Er hört ihr Beten. Sie gewinnen den Eindruck oder glauben einfach, ihm nicht gleichgültig zu sein (vgl. Rosa 2013, 29). Sie erhalten eine Antwort, spüren eine Resonanz. Sie machen die Erfahrung, »dass es einen Anderen, Wissenderen gibt, der Anteil an mir nimmt, dessen Geschöpf und Anverwandter in einem gewissen Sinne ich bin« (Thoreau 1996, 57). Solche Erfahrungen sind, wie Hartmut Rosa sagt, »unverfügbar«. Man kann sie weder kaufen noch erzwingen. Der eine macht sie im Gebet, im Zwiegespräch mit

Gott, die andere beim Hören von Musik. Wir sind von unserer Natur aus auf solche Resonanzerfahrungen angewiesen. Sie machen unser Leben reicher und erfüllter.

> Reflexion:
> Haben Sie das Gefühl, mit der Schöpfung in Berührung zu sein? Können Sie etwas mit der Vorstellung anfangen, dass wir in Beziehung treten können zum Universum, zur Schöpfung, und dadurch eine Resonanz von ihnen erhalten? Haben Sie das schon erfahren? Welche Bedeutung hat für Sie in diesem Zusammenhang Gott beziehungsweise Ihre Beziehung zu Gott? Haben Sie den Eindruck, dass er Sie hört, Anteil an Ihnen nimmt?

Die Welt und die Menschen lieben

Wir alle sehnen uns nach einer Welt, die nicht kalt, leer und still ist, der wir nicht egal sind. Die sich für uns interessiert. Wir sehnen uns nach einer Welt, in der wir Liebe erfahren. Wo aber erfahren wir diese Liebe? Liebe erfahre ich durch meine Frau und meine Kinder. Liebe spüre ich in unterschiedlichen Ausprägungen als Interesse, Sorge, Anerkennung usw. unter Freunden und Freundinnen. Ich erfahre sie durch Menschen, mit denen ich arbeite oder für die ich da bin. Ich begegne der Liebe bei vielen alltäglichen Zusammenkünften, wenn ich wach und sensibel dafür bin. Es sind oft auch die Personen, die ich auf unterschiedliche Weise liebe.

Es hängt sehr viel von uns ab, ob wir die Welt als kalt, leer und still erleben. Wir können warten, bis wir schwarz werden, dass die Welt warm, lebendig wird, zu singen beginnt. Oder aber wir verlassen unsere Wartestellung und gehen auf den anderen, den Partner, die Nachbarin, die Kollegin, den Fremden zu. Wir richten unseren Blick auf sie, nehmen ihre Bedürfnisse, Wünsche wahr und sind auch an ihrem Wohlergehen interessiert. Dann fällt die Wand zwischen uns und ihnen. Ist jetzt der Weg zwischen uns und ihnen frei, kann es zu einem Austausch miteinander kommen. Jetzt können wir uns berühren und berühren lassen. Die ersehnte Resonanz findet statt.

Wir machen diese Erfahrung, wenn wir mit offenem Herzen durchs Leben gehen, denn: »Die Wärme, die uns mit der Welt vereint, in der wir leben, die mit dazu beiträgt, dass wir uns berühren, fließt von unserem Herzen [...]. Wenn man ein erfüllteres und reicheres Leben führen möchte, muss man daher sein Herz zuerst dem Leben und der Liebe öffnen. Ohne Liebe – zu sich selbst, zu Mitmenschen, zur Natur, zum Kosmos – ist ein Mensch kalt, isoliert und inhuman« (Lowen 1993, 32).

Wir verlangen nach Liebe. Wir möchten das Gefühl haben, geliebt zu werden. Aber um geliebt zu werden, muss man lieben. Das wusste schon der Philosoph Marcilio Ficinio, der in der Renaissance großen Einfluss hatte. Wollen wir, dass die Welt, die Menschen um uns herum nicht kalt und stumm bleiben, müssen wir dafür sorgen, dass es warm um uns wird, wir uns wohlfühlen, müssen wir singen. Müssen wir unser Lied singen und es nicht, ohne es gesungen zu haben, mit ins Grab nehmen. Ja, wir müssen die Welt und die Menschen lieben.

Denn: »Ohne Liebe, Achtung und Wertschätzung bleibt der Draht zur Welt« (Rosa 2013, 28), zu den Menschen in unserer allernächsten und weiteren Umgebung, »starr und stumm.« Das bezieht sich zunächst vor allem auf enge Beziehungen, kann aber auch schon damit beginnen, jemanden, dem wir begegnen, zu grüßen und zurückgegrüßt zu werden. Dabei erfahren wir, dass die Welt nicht »kalt, leer und still« (ebd.) ist. Daher sollte man auch die vielen Möglichkeiten, bei denen wir während des Tages mit anderen Personen Kontakt aufnehmen können, nicht unterschätzen. Da ist die Nachbarin, die im Garten arbeitet, der wir einen Gruß zurufen oder mit der wir ein kurzes Gespräch führen. In der Frühe, wenn wir mit dem Hund Gassi gehen und die anderen Hundebesitzerinnen treffen, können wir mit ihnen ein paar Worte wechseln. Die Hunde können ein Vorbild sein. Sie suchen ganz selbstverständlich den Kontakt zu ihren Artgenossen. Sie machen uns vor, was wir oft verlernt haben oder uns nicht getrauen. Wenn man vertrauter ist miteinander, kann man die kurze Begegnung etwas ausdehnen. Ich treffe manchmal bei meinem morgendlichen Ausgang mit unserem Hund drei Frauen und wir haben uns darauf verständigt, dass ab und zu einer von uns ein Gedicht vorträgt. Das bereitet uns viel Freude.

Es liegt also auch an uns, wie wir die Ereignisse im Laufe eines Tages gestalten. Das kann alles sehr unpersönlich ablaufen. Oder aber wir versuchen, allem eine persönliche Note zu geben. Ein Lächeln, ein »Wie geht es Ihnen?« können schon viel bewirken. Wir merken jedenfalls, wie die Welt nicht mehr kalt und stumm ist, wir nicht alleine sind. Manchmal merken wir auch, dass wir zusammenhalten.

Das erleben wir oft in Situation, in denen wir uns bedroht fühlen, etwa durch mögliche Terroranschläge. Da bricht dann die Solidarität untereinander durch, die wir uns vorher nicht erlaubten.

Das sind nur einige Beispiele dafür, wie wir im Alltag in Kontakt treten können mit anderen und damit uns selbst etwas Gutes tun. Das gilt auch für den Umgang miteinander am Arbeitsplatz. Man spürt sehr schnell als Fremder, wenn man zum Beispiel in ein Büro oder eine Arztpraxis kommt, ob hier eine gute Atmosphäre unter den Mitarbeiterinnen herrscht oder nicht. Im einen Fall begegnet man freundlichen Gesichtern, fühlt man sich willkommen und hält sich gerne dort auf. Im anderen Fall wird man zwar gut bedient, es fällt aber kein überflüssiges Wort und man ist froh, wenn man den Ort möglichst schnell wieder verlassen kann. Vermutlich ergeht es den Mitarbeiterinnen ähnlich. Die einen fühlen sich wohl an ihrem Arbeitsplatz, schätzen sich gegenseitig und verbringen vielleicht manchmal sogar außerhalb ihrer Arbeitszeit Zeit miteinander. Die anderen machen Dienst nach Vorschrift, haben kein oder wenig Interesse an ihren Kollegen und sind froh, wenn sie den Tag bei der Arbeit überstanden haben.

In einer Zeit, in der viele Menschen bei der Ausübung ihres Berufes in einem Büro vor einem Bildschirm sitzen, fallen mir folgende Worte des Religionsphilosophen Martin Buber (1999, 192) ein:

> »Keine Fabrik und kein Büro ist so schöpfungsverlassen, dass nicht von Arbeitsplatz zu Arbeitsplatz, von Schreibtisch zu Schreibtisch ein geschöpflicher Blick

auffliegen könnte, nüchtern und brüderlich und schwesterlich (v. V. ergänzt), der die Wirklichkeit der geschehenden Schöpfung verbürgt. [...] Und nichts ist so sehr ein Dienst an der Zwiesprache zwischen Gott und Mensch wie so ein unsentimentaler und unromantischer Blickaustausch zwischen Menschen im Fremdraum.«

Es wird von uns abhängen, ob wir einen solchen Blick wagen, auf jemanden zugehen, mit jemandem Kontakt aufnehmen. Es kann natürlich auch immer wieder passieren, dass wir keine Resonanz bekommen, es nicht zur inneren Berührung kommt. Aber wir haben es dann wenigstens versucht.

Reflexion

Wo erfahren Sie Resonanz? Genügt Ihnen das? Oder haben Sie den Eindruck, dass die Welt um Sie stumm ist? Was könnten Sie tun, um mehr Resonanz zu erfahren? Welche Beziehungen, auch alltägliche Beziehungen fallen Ihnen ein, die Sie vielleicht ausbauen, intensivieren könnten?

Gütig und geduldig sein

Oft machen wir uns das Leben schwer. Wir sind nicht zufrieden mit dem, was wir leisten. Der Sklavenhalter in uns treibt uns an, noch mehr Leistung zu bringen. Auch von den anderen, den Familienmitgliedern, den Kollegen und

Kolleginnen erwarten wir, was wir uns selbst abverlangen. Wir übernehmen uns, überfordern die anderen und tragen so zu einer schlechten Atmosphäre bei. Mit der Zeit werden wir unserer Arbeit überdrüssig werden. Von Lust am Leben und an der Arbeit bleibt dann nicht mehr viel übrig. Wie befreiend wirkt da die Erkenntnis von Mong Dse (zit. nach Tieck 1939, 11), einem konfuzianischen Philosophen:

> »Das Wesen des Menschen ist von Natur aus gütig, ebenso wie das Wasser von Natur aus die Eigenschaft hat, nach unten zu fließen. Peitscht man Wasser auf, dann kann es hoch aufspritzen, dass es einem über die Stirne geht. Dämmt man es ein und leitet es durch Rohre, dann kann es einen Berg hinaufsteigen. Ist das aber die wahre Natur des Wassers? Nein. Eine stärkere Macht ist es, die es dazu bringt. Mit den Menschen ist es das Gleiche. Auch sie können dazu gebracht werden, nicht mehr gütig zu sein.«
>
> *(Mong Dse)*

Vom heiligen Anselm wird berichtet, dass er der gütigste Mensch gewesen sein soll. Anselm Grün, der mir von diesen Eigenschaften des Heiligen berichtete, hat ihn sich zum Vorbild erkoren. Ich erwähne das, weil ich Anselm Grün, mit dem ich viele Jahre zusammengearbeitet habe, als jemanden erlebt habe, der eine große Güte ausstrahlt. Er tut das trotz vieler Aufgaben und Anstrengungen, bei denen das Wasser aufpeitscht, es nicht nur von sich aus fließt, sondern es einer stärkeren Kraft bedarf, um es an eine bestimmte Stelle zu bringen.

Die Vorstellung, einfach wie das Wasser nach unten zu fließen, spricht mich an. Davon geht etwas Beruhigendes, Gelassenheit Schenkendes aus. Ich merke, wie ich entspanne, wenn ich das auf mich wirken lasse, wie ich aufatme. Ja, so sollte, so könnte es doch sein: uns einfach von der Strömung mitnehmen lassen, uns ihr überlassen und dabei viel Güte ausstrahlen. Aber so ist es in der Regel nicht.

Ein Grund, warum wir es an Güte, die uns das Tor zur Liebe öffnet, anderen gegenüber oft fehlen lassen, ist unsere Ungeduld und Schnelllebigkeit. »Eile, Hetze und Zielstrebigkeit führen zum Tunnelblick, machen taub, blind, hartherzig und unsozial«, schreibt Karlheinz A. Geissler (2012, 129f), der sich viel mit dem Thema Zeit beschäftigt hat.

Als Beleg dafür verweist er auf ein Experiment mit Theologiestudenten, die den Auftrag erhielten, in einem wenige hundert Meter entfernten Gebäude ein Referat über das Gleichnis vom barmherzigen Samariter zu halten. Einer Gruppe von Studenten wurde mitgeteilt, dass sie sich beeilen sollen, da die anderen Studenten bereits warteten, einer zweiten Gruppe, sie könnten sich Zeit lassen für den Weg. Alle begegneten auf ihrem Weg einem am Boden liegenden Mann, der sich vor Schmerzen krümmte. Die es eilig hatten, hielten kurz an, schauten für einen Moment auf den Mann, um dann schnell weiterzugehen. Die sich Zeit ließen, machten Halt vor dem Mann, gingen zu ihm hin und boten ihm ihre Hilfe an.

Ich vermute, dass es vielen von uns ähnlich ergeht wie den Studenten, die sich beeilen sollten. Doch muss das so sein? Wollen wir uns einfach damit abfinden? Klar, wer wollte nicht sich vom Wasser, das nach unten fließt, einfach mitnehmen lassen und nur noch Güte ausstrahlen. Der Alltag mit seinen Verpflichtungen erfordert unseren ganzen Einsatz. Er erlaubt uns oft nicht, die Hände in den Schoß zu legen und uns einfach dem nach unten fließenden Wasser zu überlassen. Gar uns noch aufhalten zu lassen durch eine Person, die uns doch eigentlich egal sein kann. Die Güte und die Geduld bleiben dabei oft auf der Strecke. Das aber ist schade.

»Mechanisierung, ja sogar Automatisierung hat ihren Sinn«, meint Eknath Easwaran (2002, 145). »Aber unsere moderne Gesellschaft preist die Mechanisierung um der Maschinen willen und die Automatisierung um der Automaten willen und alles zusammen um der Geschwindigkeit willen. Von überall her sehe ich Kräfte auf uns einwirken, die es auf unsere Menschlichkeit abgesehen haben, die unsere Anteilnahme untergraben und uns fast schon selbst zu Automaten in einer Welt voller Automaten machen.« Irgendwo muss ich ihm recht geben. Es ist ein großer Fortschritt, dass uns die Technik so viele Annehmlichkeiten beschert. Aber was wirklich zählt, sind nicht diese Annehmlichkeiten, sondern die Erfahrung von Anteilnahme, Freundlichkeit, Güte, Nachsicht. Sie müssen doch nicht dafür auf der Strecke bleiben. Das wäre ein zu hoher Preis, den wir für den technischen Fortschritt zahlen müssten.

Ich kenne Menschen, die in ihrem Dienst sehr gefordert sind, die viele Situationen kennen, in denen das Wasser hochpeitscht und mit menschlicher Anstrengung an Plätze gebracht werden muss, wo es nicht von alleine hinfließt. Das hält sie aber nicht davon ab, anderen gegenüber gütig und geduldig zu sein. Die Geduld ist für Eknath Easwaran

(2002, 60) »das Herzstück der Liebe«. Sie ist »die beste Versicherung gegen alle möglichen seelischen und körperlichen Probleme.« Das schließt ja nicht aus, dass man auch einmal ungeduldig sein darf oder unwillig ist, sich ärgert und das den anderen auch spüren lässt. Gütig, zuvorkommend und geduldig zu sein, meint auch nicht, einfach nur höflich zu sein und im Grunde genommen im Herzen den anderen zu verfluchen.

Es ist die Grundhaltung, das grundsätzliche Wohlwollen anderen gegenüber, um das es hier geht. Etwas, das uns zutiefst befriedigen und unsere Freude und die Lust am Leben vermehren kann. Ob uns die Güte, dieses grundsätzliche Wohlwollen, wie es das erwähnte Zitat des konfuzianischen Philosophen nahelegt, in die Wiege gelegt wurde, weiß ich nicht. Wir können sie aber lernen und wenn wir die Hetze aus unserem Leben verbannen wollen, bleibt uns nichts anderes übrig. Aber es wird sich lohnen.

Wie schön es ist, wenn man die Güte einer anderen Person erfährt, schildert Henry David Thoreau (1996, 53) in einem Selbstgespräch an einen Freund. Da heißt es: »Ich erkenne, mein Freund, dass es Zeiten gab, in denen deine Gedanken an mich von so großer Güte waren, dass sie mich unbemerkt streichelten wie Winde des Himmels, so lauter, so großmütig und allumfassend …«

Reflexion:

Gelingt es Ihnen, anderen gegenüber gütig und zuvorkommend zu sein, auch dann, wenn Sie im Stress sind? Könnte es sein, dass Sie sich selbst etwas Gutes tun, wenn Sie anderen gegenüber zuvorkommend sind?

Stellen Sie sich vor, Wasser zu sein, das, wie von der Natur vorgegeben, nach unten fließt. Das ist der übliche Gang der Dinge, der Rhythmus, der unserem Leben, unserem Sein, vorgegeben ist. Unser Leben fließt, einem Fluss vergleichbar, unausweichlich weiter, dem von der Natur vorgegebenen Weg folgend. Dem können wir nicht ausweichen, selbst wenn wir es wollten. Dem sollten wir auch nicht versuchen auszuweichen, sondern uns ohne Sträuben überlassen. Dann aber gibt es immer wieder Situationen, in denen wir das Wasser aufpeitschen lassen, es eindämmen und durch Rohre leiten und damit von seinem, von der Natur vorgegebenen Weg, wegführen. Auch das können wir nicht vermeiden, wollen wir etwas erreichen, aufbauen, gestalten. Doch das muss uns nicht daran hindern, uns immer wieder dem Grundrhythmus zu überlassen, das Wasser einfach weiterfließen, nach unten fließen zu lassen. Dann können wir entspannen. Dann hat auch die Güte eine Chance, zum Zuge zu kommen.

Für andere von Nutzen sein

Wollen wir, dass die Welt und die Menschen für uns nicht stumm bleiben, wir sie singen hören, sie bei uns eine Resonanz auslösen, müssen wir sie und ihr Wohlbefinden im Blick haben. Eknath Easweran (2002, 234) empfiehlt sogar: »Üben Sie, das Wohlergehen anderer Menschen vor das eigene zu setzen.« Da wird viel von uns verlangt und viele dürften ihm hier widersprechen. Ich glaube aber, dass er recht hat. Eine solche Haltung macht uns weit, beschenkt uns mit einem Gefühl von Zufriedenheit und Erfüllung. Es ist die Gegenbewegung zu Gier und dem Konzentrieren auf uns und unser Wohlergehen. Eine solche Haltung schleift die Mauern, die oft zwischen uns stehen. Sie setzt Kräfte in uns frei, die wir bisher zurückgehalten haben, die zu nutzen anderen und uns zugutekommen.

Wollen wir Lust am Leben haben, müssen wir das Kreisen um uns selbst verlassen und uns nach unseren Mitmenschen ausstrecken, auch an ihrem Wohlergehen interessiert sein. Es ist nicht das Ansammeln von Schätzen, das Durchboxen von eigenen Interessen, was uns Lust und Freude bereitet, sosehr man auch oft den Eindruck hat, als ginge es uns genau darum. Vielmehr trägt zu unserer Zufriedenheit und Freude bei, wenn wir einen Beitrag dafür leisten können, dass es anderen gut geht. Wir für sie von Nutzen sind. Dann geht es auch uns gut.

Der schwedische Wissenschaftler und Philosoph Emmanuel Swedenborg (vgl. Van Dusen o. J.) gebraucht den Begriff *uses*, um sein Verständnis von Nützlichkeit zu umschreiben. Was er darunter versteht, wird sehr schön an folgendem Beispiel deutlich: Da ist einmal der Schuhmacher, der auf Profit aus ist und möglichst viel Reparaturen durchführen will. Dort dagegen ist der Schuhmacher, der auch an Profit interessiert ist – muss er doch auch von seiner Arbeit leben –, zugleich aber auch Freude daran hat, seine Kunden zu treffen, mit ihnen über ihre Schuhprobleme zu reden und dem sein Beruf einfach Spaß macht. Dem einen geht es nur um den Profit und ob der andere von dem, was er tut, etwas hat, ist ihm egal. Der andere erzielt Profit zunächst durch das, was er tut. Er profitiert aber auch davon, dass er bei dem, was er tut, Zufriedenheit und Freude empfindet, weil er den anderen im Blick hat und daran interessiert ist, für ihn von Nutzen zu sein.

Es ist die Haltung, mit der wir etwas tun, die entscheidend ist. Wir tun etwas, was wir ohnehin tun, aber wir beziehen dabei den anderen mit ein, sind bestrebt, für ihn von Nutzen zu sein. Das aber bleibt nicht ohne Wirkung. Wir merken, dass uns das guttut. Aber auch der andere spürt unser Interesse und unsere Wertschätzung und reagiert entsprechend positiv.

Dabei müssen und dürfen wir den Blick auf uns selbst nicht außer Acht lassen. Denn wir können auf Dauer nur dann wirklich für andere nützlich sein, wenn wir für uns selbst von Nutzen sind. In der Sorge um uns selbst schaffen wir die Voraussetzung dafür, dass wir weiterhin für andere nützlich sein können. Das zu beachten ist wichtig, da wir uns sonst verausgaben. Es wird von uns auch nicht erwartet, dass wir uns verausgaben. Vielmehr geht es um unsere Einstellung zu dem, was wir tun. Es hängt von uns ab, ob wir dazu bereit sind, für andere nützlich zu sein und dabei auch für uns selbst einen Nutzen daraus ziehen, indem wir dadurch unser Leben bereichern, unseren Lebenshorizont so erweitern.

Wenn wir für andere nützlich sind, verwirklichen wir uns selbst. Wir kommen damit dem tief in uns angelegten Verlangen nach, über uns selbst hinauszuwachsen. Es ist das, was in der Entwicklungspsychologie Generativität genannt wird, die Fähigkeit, über sich selbst hinauszuwachsen, sich für etwas einzusetzen, bei dem es nicht nur um uns geht. Wenn wir das tun, trägt das zu unserer Zufriedenheit bei. Es verlangt allerdings von uns, über das Denken hinaus, wo und wann wir für den anderen nützlich sein können, es dann auch tatsächlich zu tun. Es ist im Grunde genommen die Umsetzung des Liebesgebotes. Wer danach lebt, darf jetzt schon etwas vom Himmel erfahren, da er und sie merken, dass es Freude und Spaß macht und zur Lust am Leben und zur Erfüllung beiträgt, wenn ich für andere etwas tun kann, für sie von Nutzen bin.

Als ich diese Gedanken vor einer Gruppe von Steuerberatern vortrug, spürte ich an ihrer Aufmerksamkeit, dass sie sich davon berühren ließen. Viele von ihnen, so wurde mir bei der Rückmeldung zu meinem Vortrag deutlich, versuchen genau das bei ihrer Arbeit und Beratung zu verwirklichen. Profit lässt sich von dem lateinischen Wort *profectus* ableiten, was unter anderem mit Zunahme übersetzt werden kann. Profit bezeichnet den Gewinn, das heißt den Überschuss, welcher nach Abzug der Kosten übrig bleibt. Wenn wir bei dem, was wir beruflich tun, sei es als Seelsorgerin, Krankenschwester oder Steuerberater, anderen von Nutzen sind, geht der Profit, der Überschuss weit über das hinaus, was wir finanziell daran verdienen. Wir werden mit dem Gefühl beschenkt, für andere nützlich gewesen zu sein. Das aber lässt uns erfüllt sein und steigert unsere Lust am Leben und an unserer Arbeit.

Auf die Frage, ob er an die Hölle glaube, antwortete Eknath Easwaran (2002, 171): »Wenn Sie auf Ihr eigenes Leben zurückschauen – in den Zeiten, in denen Sie voller Wut waren, innerlich aufgewühlt, nicht schlafen konnten, waren Sie zu Gast in der Hölle. Aber in den seltenen Momenten der Selbstlosigkeit, wenn Sie Ihren Kummer, Ihre persönlichen Wünsche vergessen und Ihrer Familie, Ihrer Gemeinde oder Ihrem Land beistehen, statten Sie dem Himmel auf Erden einen kurzen Besuch ab.«

Reflexion:
Welche Einstellung haben Sie zur Arbeit? Ist es für Sie wichtig, für andere von Nutzen zu sein? Sollte das bisher nicht der Fall sein, wollen Sie es einmal ausprobieren und schauen, was es bei Ihnen bewirkt? Es liegt an uns, wie wir unser Leben, unseren Alltag, unsere Beziehungen, unseren Beruf gestalten. Sind Sie offen dafür, durch Ihre Möglichkeiten, für andere nützlich zu sein, zu nutzen und dabei auch für sich selbst einen Nutzen daraus ziehen, indem Sie dadurch Ihr Leben bereichern?

Auf die anderen zugehen

Wie gelingt es uns, die ersehnte Resonanz zu erfahren? Es beginnt mit einer langsameren Gangart, die uns ruhiger werden lässt und ermöglicht, wahrzunehmen, was um uns herum geschieht. Denn die Entfremdung, die wir vielfach erleben, ist auch das Ergebnis der Beschleunigung, die immer mehr um sich greift und zum Verstummen der Welt um uns herum führt. Also entschleunigen wir, fahren nicht mit 180 durch die Gegend, sondern mit 50. Wir nehmen uns mehr Zeit. Die benötigen wir. Wir nehmen die Menschen, mit denen wir zusammen sind, bewusst wahr. Schauen sie an. Wir schenken ihnen unsere ungeteilte Aufmerksamkeit. Dann schaffen wir zumindest die Voraussetzungen, dass es zwischen uns funkt, jetzt nicht gleich verstanden als sich verlieben, sondern als erfolgreicher Versuch, Kontakt herzustellen. Da gibt es eine Reaktion auf der anderen Seite, der Strom ist angeschlossen und kann jetzt strömen.

Das erleben wir idealerweise bei den Menschen, die uns nahestehen. Die unterschiedlichen Erfahrungen, die wir mit ihnen machen, tragen zu einer intensiven Resonanzerfahrung bei. In ihnen gibt es für uns ein Gegenüber, das auf uns reagiert, sich auf uns einlässt und wir natürlich umgekehrt das auch tun. Sie reagieren, antworten auf das, was wir sagen und tun. In der Regel zumindest. Das aber wirkt sich positiv auf unsere seelische Gesundheit und Lebenszufriedenheit aus. Wir fühlen uns gesehen. Wir machen die Erfahrung, gehört zu werden. Wir spüren den anderen. Fehlen solche Erfahrungen, wirkt sich das entsprechend negativ aus.

Soll es zu einer Resonanz kommen, muss es sich bei unserem Gegenüber um Menschen handeln, die wir berühren, denen wir in die Augen schauen, mit denen wir sprechen können. Mit einem Filmstar, den wir nur vom Fernsehen oder Film her kennen, können wir nicht reden. Was wir als Zuschauer beim Fernsehen bei einer tragischen Situation miterleben, sind auch unsere Emotionen. Doch wenn wir in der virtuellen Welt aufgehen und keine Zeit oder Gelegenheiten haben, uns mit echten Menschen zu treffen, wir gegenseitig an unserem Leben Anteil nehmen, uns berühren lassen von dem, was in unserem Alltag geschieht, findet die erwünschte Resonanz nicht statt. Wir geben uns dann mit einer Pseudoresonanz zufrieden. Ich kann daher Eknath Easwaran (2002, 171) nur zustimmen, der empfiehlt: »Statt in den Medien nach Liebe und Anregungen zu suchen, sollten wir uns da nicht besser in der eigenen Umgebung umsehen?«

Ich bin mir bewusst, dass das ein hoher Anspruch ist. Aber wollen wir, dass die Welt um uns nicht kalt und stumm bleibt, geht daran kein Weg vorbei. Manchmal gelingt es uns erst dann, die anderen zu lieben, wenn wir »tiefer« sehen. Den Ordensmann, Schriftsteller und Mystiker Thomas Merton (1966, 140) überwältigte inmitten einer belebten Straße von Louisville »das Bewusstsein, dass ich alle diese Menschen liebte, dass sie mir gehörten und ich ihnen, dass wir einander nicht fremd sein konnten, obwohl wir ganz und gar Fremde füreinander waren.« Und Henry David Thoreau (1996, 56) schreibt in sein Tagebuch: »Ich möchte mir dessen bewusst sein, dass ich es bei meinen Mitmenschen mit unendlichen und göttlichen Eigenschaften zu tun habe. Wahrlich, alle Menschen besitzen einen göttlichen Lichtkern [...] Selbst die müden Arbeiter, denen ich auf der Straße begegne, betrachte ich in Wirklichkeit als wandelnde Götter, doch vorläufig, und das wird noch lange so sein, haben wir keine gemeinsame Sprache.«

Ich sehe vor mir den geistlichen Schriftsteller Henri Nouwen, dem ich freundschaftlich verbunden war, wie er sich zu einem Globetrotter hinsetzt und mit ihm ins Gespräch kommt. Unser Sohn Thomas, der nachts als Seelsorger durch die Straßen von San Francisco geht, macht das genauso. Sie gehen auf andere zu, begeben sich auf der gleichen Augenhöhe. Sie suchen Nähe und lassen sie zu.

Wenn wir anderen Menschen nahe sind, uns mit ihnen verbunden fühlen, werden wir selbst beschenkt. Wir entdecken, was uns miteinander verbindet. Wir fühlen uns in diesem Moment nicht länger getrennt von der Welt und den Menschen. Damit das geschehen kann, müssen wir uns trauen, aus unseren Löchern zu kriechen, in die wir uns zurückgezogen haben. Dann fallen die Mauern, die uns bisher trennten. Wir stellen mit Erstaunen fest, dass die Welt, die Menschen um uns nicht länger stumm bleiben, sondern anfangen zu singen.

Also lasse ich meine Zurückhaltung hinter mir und gehe mit offenem Herzen durch die Altstadt von Nürnberg. »Das ist ein langer Tag für Sie gewesen?«, frage ich den Ziehharmonikaspieler, auf den ich am Abend in der Fußgängerzone in der Königsstraße treffe. Als ich Stunden zuvor hier ankam, hatte ich ihn bereits gesehen. Er versteht mich zunächst nicht und sagt mir dann, dass er aus Ungarn kommt. »Ach, spielen Sie mir doch etwas Ungarisches«, bitte ich ihn. Nachdem er mich verstanden hatte, fängt er an, eine leise, zunächst sehr traurig klingende Melodie zu spielen, die gegen Ende zu aber immer schneller und beschwingter wird und zum Schluss auf mich wie eine Einladung zum Tanzen wirkt. Doch damit nicht genug. Der Mann spielt dann für mich ein, wie er es andeutet, über rund 500 Jahre altes Lied. Aber er spielt es nicht nur, er singt mit seiner warmen Stimme auf Ungarisch den dazugehörenden Text. Ich schließe die Augen und lausche seinem Gesang und seinem Spiel. Mir ist, als spüre ich darin seine Seele. Als ich die Augen öffne und ihn ansehe, glaube ich zu erkennen, dass seine Augen feucht sind. Ich gebe ihm die Hand, bedanke mich und wünsche ihm noch einen schönen Abend.

Ich hätte an dem Spieler vorbeigehen können. Doch ich wollte ihm einen kleinen Beitrag zukommen lassen, weil er mir leidtat, ich den Eindruck hatte, dass ihn niemand beachtete. Ich wollte es aber nicht dabei belassen, ihm eine Münze in sein Kästchen zu werfen. Also sprach ich ihn an. Hätte ich es nicht getan, hätte er nicht für mich gespielt, wäre mir dieses wunderschöne Geschenk verwehrt geblieben. Die Welt wäre stumm geblieben und ich hätte sie nicht singen hören – für mich.

Reflexion:
Haben Sie den Eindruck, in Berührung mit Ihrer Mitwelt und Umwelt zu sein? Trägt das zur Freude und Lust am Leben und an der Arbeit bei? Oder kann es sein, dass Sie deswegen Ihr Leben als unerfüllt erleben, da Sie nicht länger wirklich in Kontakt sind mit Ihrer Mitwelt? Was könnten Sie tun, um das wieder zu ermöglichen? Getrauen Sie sich einmal, jemanden bewusst anzusprechen, wo Sie es bisher vermieden haben, weil Sie dachten, das gehört sich nicht, oder befürchteten, abgewiesen zu werden.

Uns überraschen lassen

Wir können den Tag damit beginnen, uns vorzustellen, was wir heute alles erledigen müssen, und uns vornehmen, die anstehenden Pflichttermine abzuarbeiten. Oft bleibt uns gar nichts anderes übrig als genau das zu tun. Wir können das alles tun und dabei dennoch dafür offen bleiben, uns überraschen zu lassen. Mir hilft es, zum einen – soweit das möglich ist – den Tag zu strukturieren und zu gestalten, zugleich aber auch offen dafür zu sein und Raum dafür zu lassen, dass Unerwartetes passiert.

So gehe ich durch Berlin, lasse mich beeindrucken von den prächtigen Bauten, bin fasziniert von den vielen Menschen aus allen Ländern der Erde. Da und dort bin ich, ob ich es will oder nicht, Zeuge von Gesprächen, die alle um alltägliche Dinge greifen. Ich bin dadurch auch für eine Weile in der Welt der Menschen, die miteinander reden. Im Unterschied zu lauten Telefongesprächen im Zug, stört mich das nicht. Es verbindet mich vielmehr mit den beteiligten Personen.

Ich besuche die Hedwigskirche, verweile kniend vor dem ausgesetzten Allerheiligsten, versuche mich in Gott hineinzuversenken. Ein junger Mann, der ein hölzernes Brustkreuz um den Hals trägt, lächelt mich an, als ob uns etwas miteinander verbindet. Und das ist ja auch der Fall. Dann tauche ich wieder ein in das pulsierende Leben *Unter den Linden* und auf der *Friedrichstraße*. Es ist inzwischen Abend geworden. Viele junge Menschen sind unterwegs. Was mag in ihnen vorgehen? Wohin sind sie unterwegs? Sie sind froh gestimmt. Vielleicht hat es damit zu tun, dass es Freitag ist, dass das Wochenende bevorsteht. Was, so geht es mir durch den Kopf, bedeutet ihnen Gott?

Im Berliner Dom wird eine Abendandacht angeboten. Es dürften immerhin so um die 30 bis 40 Personen sein, die sich dafür im Dom eingefunden haben. Doch sie wirken wie verlassen in dem riesigen Raum. Der Pfarrer predigt recht trocken über die Auferstehung. Erst als er ein Gedicht von Marie Luise Kaschnitz über die Auferstehung vorträgt, fühle ich mich angesprochen. In diesem Gedicht heißt es:

Auferstehung

Manchmal stehen wir auf
Stehen wir zur Auferstehung auf
Mitten am Tage
Mit unserem lebendigen Haar
Mit unserer atmenden Haut.

Nur das Gewohnte ist um uns.
Keine Fata Morgana von Palmen
Mit weidenden Löwen
Und sanften Wölfen.

Die Weckuhren hören nicht auf zu ticken
Ihre Leuchtzeiger löschen nicht aus.

Und dennoch leicht
Und dennoch unverwundbar
Geordnet in geheimnisvolle Ordnung
Vorweggenommen in ein Haus aus Licht.

(Marie Luise Kaschnitz)

Ich bin mit meinen Gedanken bei der Trauerfeier, die heute im Kölner Dom für die Toten des furchtbaren Flugzeugabsturzes des Airbusses der Germanwings stattfindet. Da bleibt einem die Auferstehung im Hals stecken. Als ich den Berliner Dom verlasse, werde ich mit den anderen vom Pastor verabschiedet. Das ist schön. Dass daneben der Küster mit dem Klingelbeutel steht, ist weniger schön.

Gerade sitze ich in einer Bäckerei. Es ist inzwischen Samstagmorgen. Vor zehn Jahren wurde Josef Ratzinger zum Papst gewählt. Die Bildzeitung hat aus diesem Anlass ihre Titelseite von damals nochmals veröffentlicht: »Wir sind Papst«. In der Bäckerei ist viel los. Was da für Leute auftauchen: freundliche, grimmig dreinblickende, offensichtlich psychisch kranke. Aber es herrscht eine freundliche Atmosphäre. Die Leute begrüßen sich, nehmen aufeinander Rücksicht, da und dort kommt man miteinander ins Gespräch.

Hier in Berlin ist Leben in seiner ganzen Buntheit zu spüren. Ist das das Leben in Fülle? Kann das nicht auch manchmal heißen, sich beschenken zu lassen von allem, was ein Tag einem so alles anbietet? Das kann unendlich viel sein, wenn wir dafür offen dafür sind, mit wachen Augen durch den Tag gehen. Wenn wir dabei die Erfahrung machen, Teil dieses Lebens zu sein. Dazuzugehören.

Das Leben ist ein Bankett, meint der Jesuit Anthony de Mello. Doch wir merken das oft nicht, weil wir so sehr auf das fixiert sind, was uns gerade beschäftigt, und ganz davon in Beschlag genommen sind. Wir gehen wie mit Scheuklappen durch den Tag, davon getrieben, unsere Dinge abzuarbeiten. Wir haben keinen Blick für das Leben um uns herum, die vielen interessanten Menschen und die vielen schönen Dinge, die es gibt und die darauf warten, von uns entdeckt zu werden. Es sei denn, wir wachen innerlich auf und nehmen wahr, was um uns herum geschieht, dazu bereit, uns überraschen zu lassen oder andere zu überraschen.

Die Buntheit von Leben, der wir dabei begegnen, macht auch unser Leben bunter. Es macht einfach Spaß, innerlich so wach durchs Leben zu gehen oder auch mit dem Leben zu gehen. Da ist die Welt um uns herum nicht kalt oder stumm. Auch gibt es da keine Hektik. Vielmehr begegnen wir einem pulsierenden Leben, von dessen Pulsschlag wir uns gerne anstecken lassen. Es ist einfach nur Lebensfreude, die wir hier spüren und in vollen Zügen genießen.

Reflexion:

Lassen Sie sich auch überraschen von dem, was tagsüber geschieht? Oder sind Sie eher jemand, der alles vorplant und Überraschungen nicht mag? Versuchen Sie einmal in den Tag mit der Einstellung zu gehen, zum einen den Dingen nachzugehen, die Sie sich vorgenommen haben, zum anderen sich vom Tag überraschen zu lassen. Sind Sie dabei innerlich offen dafür, Neues zu entdecken, vielleicht auch Dinge und Verrichtungen, die für sie alltäglich geworden sind, neu zu sehen.

Versuchen Sie, wenn Sie das nächste Mal durch eine Stadt gehen, Folgendes: Laufen Sie zunächst ganz schnell durch die Stadt, ganz darauf ausgerichtet, möglichst schnell zum nächsten Kaufhaus zu gelangen. Sie schauen nicht nach links und nach rechts, sondern sind nur bestrebt, dort schnell anzukommen. Nach einer Weile ändern Sie Ihre Gangart. Jetzt bleiben Sie zwischendurch stehen, schauen nach links und rechts, lassen Ihre Umgebung auf sich wirken, ja saugen sie regelrecht auf. Merken Sie den Unterschied? Im einen Fall kommen Sie nicht in Kontakt und Berührung mit Ihrer Umgebung. Sie bleiben ganz bei sich, verschlossen in sich. Im anderen Fall treten sie aus sich heraus, werden Ihrer Umgebung gewahr, kommen mit ihr in Berührung.

Von Wesen zu Wesen begegnen

»Wir brauchen mehr menschliche Zugewandtheit«, meint Sebastian Gallander (Beise 2018, 19), der von der Leitung der Vodafone-Stiftung zur gemeinnützigen Nebenan.de-Stiftung wechselte. Für ihn geht es dabei um mehr als einen oberflächlichen Trend. Es geht um das, »wonach Menschen in ihrer Nachbarschaft suchen – nach Mitgefühl, nach Nachbarn, die zu Freunden werden können, nach Fürsorge und Verantwortung füreinander.«

Hier werden Werte angesprochen, die offensichtlich der Hektik, die immer mehr in unserem Alltag um sich greift, geopfert werden. Als Folge davon fühlen wir uns verdinglicht und entfremdet, haben wir, wie ich immer wieder betone, keine lebendige Beziehung mehr zu unseren Mitmenschen (vgl. Rosa 2017, 362).

Dem können wir begegnen, indem wir von uns aus die Initiative ergreifen und auf andere zugehen. Das gilt allgemein, was Kontakte zu anderen Personen betrifft. Es gilt aber in besonderer Weise für die engen Beziehungen, die wir haben und die besonders wichtig sind, um die Lust und die Freude am Leben nicht zu verlieren. Auch in unseren engen Beziehungen – in Ehen, Partnerschaften, Gemeinschaften – funkt es oft nicht zwischen uns. Ist der Kontakt gestört. Herrscht Funkstille. Spüren wir keine Resonanz mehr, werden wir nicht länger im Innern berührt von dem oder den Menschen, mit denen wir in Beziehung leben.

Wollen wir das ändern, müssen wir enger zusammenrücken, uns in die Augen schauen, miteinander reden, aufeinander hören. Das ist zugegebenermaßen nicht einfach, ja fordert uns viel ab. »Zum rechten Hören«, so der Religionsphilosoph Bernhard Welte (1960, 22), »gehören die Bereitschaft und die Fähigkeit, mit dem Wesen zuzuhören, nicht bloß mit der Oberfläche oder mit einer Nebenabteilung des Herzens. Wir sollten mit dem Wesen zuhören können, so wie die Mutter ihrem Kind zuhört, so wie Liebende aufeinander hören, so wie die großen Musikhörenden der Musik gelauscht haben. Das Hören entbindet das Wort im anderen wie eine Hebamme das Kind.«

Als Psychotherapeut weiß ich, dass das Herzstück einer gelungenen Therapie die Begegnung von Wesen zu Wesen ist. Dazu bedarf es eines Zuhörens mit Ohren, die, wie es Martin Buber einmal formuliert hat, zugleich mit dem Herzen, ja mit der Seele verbunden sind. Erst dann ist ein völliges Eingehen auf den jeweils anderen möglich, vermögen die Fühler unserer Seele ihre Seele zu berühren, erhalten wir eine Antwort, die so sehr ersehnte Resonanz.

Auf eine so intensive und dichte Weise können wir den Menschen, die wir im Alltag treffen, natürlich in der Regel nicht begegnen. Aber es sollte in unserem Leben Menschen geben, denen wir auf eine so dichte Weise begegnen. Denn was Hartmut Rosa mit Resonanz meint, ist genau das, was wir unter Empathie, also Einfühlungsvermögen, verstehen. Wir sehnen uns danach, so Hartmut Rosa, zu spüren, dass zwischen uns und der Welt außen, den anderen Menschen, etwas resoniert, also mitschwingt, zurücktönt – es einen Widerhall gibt – wir das Gefühl haben, da ist das, was wir sagen oder bewirken wollten, wirklich angekommen.

Um das zu erreichen, müssen wir präsent sein. Wir müssen der Person, mit der wir uns unterhalten, unsere ungeteilte Aufmerksamkeit schenken. Sie sollte uns das wert sein. Ist sie uns nur eine teilweise Aufmerksamkeit wert, sollten wir uns fragen, ob es überhaupt der Mühe wert ist, sich mit ihr zu beschäftigen (vgl. Easwaran 2002, 233). Würden wir das ernstnehmen, hätten wir vermutlich nicht mehr viel zu tun, denn wem schenken wir wirklich unsere ungeteilte Aufmerksamkeit? Fällt es uns doch schon schwer, uns auf eine Sache zu konzentrieren. »Das Problem ist, dass niemand seine Aufmerksamkeit sowohl auf seinen Laptop als auch gleichzeitig auf sein Handy richten kann. Aber alle versuchen es«, meint Karl Westhoff (zit. nach Peikert 2018, 21), der sich seit Jahrzehnten mit dem Thema Konzentration beschäftigt.

Mir fällt ein krasses Beispiel ein: Ich konnte es nicht fassen, aber es verhielt sich so: Der Leiter einer wichtigen Einrichtung hielt die ganze Zeit über sein I-Pad in der Hand und rief offensichtlich unterschiedliche Informationen ab.

Selbst beim gemeinsamen Mittagessen beschäftigte er sich immer wieder mit seinem I-Pad. Vielleicht bin ich zu empfindlich, aber ich kann mich nicht daran gewöhnen, wenn während einer Unterhaltung plötzlich jemand sein I-Pad oder Handy aus der Tasche holt, um etwas nachzuschauen oder einen Anruf zu beantworten. Ich erlebe das als eine Störung der Begegnung. Die Begegnung wird unterbrochen. Ja manchmal kommt es dadurch schon gar nicht zu einer Begegnung, bei der ich mich auf den anderen konzentriere, mit ihm in Kontakt trete und er das auch mir gegenüber tut.

Soll dieser Austausch wirklich den Namen Begegnung verdienen, verlangt er Konzentration, die auf den anderen ausgerichtet ist. Es verlangt Aufmerksamkeit, Interesse für den anderen. Wie soll das aber möglich sein, wenn ich mich ständig durch andere Informationen, die ich mir mithilfe des I-Pads besorge, davon ablenken lasse? Wir alle kennen die Fernsehberichte vom halbleeren Bundestag, in dem eine Rednerin spricht, während die Abgeordneten oder Minister mit ihrem Handy, Laptop oder I-Pad usw. beschäftigt sind.

Es geht nicht darum, Handys, Smartphones, I-Pads, überhaupt das Internet schlechtzureden. Sie sind nicht mehr wegzudenken und leisten einen wichtigen Beitrag für eine schnellere und bessere Kommunikation. Sie können, wenn richtig eingesetzt, helfen, in kürzerer Zeit erfüllter zu arbeiten und dann mehr Freizeit zu haben. Sie bergen aber auf der anderen Seite die Gefahr in sich, die direkte persönliche Begegnung von Person zu Person zu beeinträchtigen oder gar zu verunmöglichen. Wir hetzen danach, unser Freundes- und Bekanntennetz auszudehnen, und nehmen dafür in Kauf, auf eine Weise in der Welt zu sein, die uns resonanzarm zurücklässt. Die personale Begegnung von Du zu Du, sich Zeit dafür zu nehmen, füreinander da zu sein, genau das, was uns so sehr fehlt und wonach wir uns so sehr sehnen, bleiben dabei auf der Strecke.

Darum aber geht es, wenn man von Entschleunigung oder besser Enthetzen spricht. Es geht nicht darum, grundsätzlich langsamer zu sein. Es geht darum, dort beschleunigte Prozesse zu verändern, wo sie problematisch werden, sie unser Verhältnis zur Welt und zu den Menschen so verändern, dass sie zu Entfremdung führen. Sind wir zu schnell, besteht die Gefahr, dass das empathische Mitschwingen, der lebendige Austausch, die Verbindung zwischen dem Einzelnen und seiner Welt auf der Strecke bleiben (vgl. Rosa 2016). Hinter der Entschleunigungsbewegung steht eigentlich die Sehnsucht, auf andere Weise in der Welt zu sein, intensiver in Kontakt zu treten mit anderen Menschen. Das geschieht durch die Erfahrung von Empathie, die voraussetzt, genügend Zeit zu haben und sich Zeit zu lassen. Wir sollten uns also nicht fragen, wie können wir uns an die hohe Geschwindigkeit anpassen, sondern, welche Geschwindigkeit ist eigentlich gut für uns Menschen. Was führt zu einem erfüllten und guten Leben?

Es ist der Respekt für den anderen, der es verbietet, die Aufmerksamkeit, die liebevolle Haltung zu unterbrechen. Es ist die Achtsamkeit, die uns alles, was wir tun, achtsam tun lässt. Bei der wir unsere ganze Aufmerksamkeit dem schenken, mit dem wir gerade zusammen sind. Wir sagen damit: Du bist mir so wichtig, dass mich nichts davon abhalten könnte, jetzt bei dir zu bleiben und nur bei dir. Mehr als es Worte vermögen, spürt der andere: Ich bin wichtig. Ich bin für ihn wichtig. Er meint es wirklich so.

Dann kommt es zu Begegnungen, die wirklich den Namen Begegnung verdienen. Die von Dichte gekennzeichnet sind, bei denen wir uns nicht nur oberflächlich, sondern von Wesen zu Wesen begegnen. Bei denen es Momente gibt, in denen die Fühler unserer Seele die Seelen der anderen berühren. Wir uns verbunden fühlen, die Distanz überwinden, der Graben, der uns bisher trennte, übersprungen wird, wir eine Einheit werden. Wir mit der Erfahrung von Verbundenheit beschenkt werden. Wir eine Erfahrung machen, nach der wir uns so sehr sehnen und die uns immer mehr abgeht, weil uns, solange wir uns durch äußere Einflüsse unterbrechen lassen, die Brücke zum anderen gar nicht wirklich zustande kommt. Wir alleine bleiben, unser Herz, unsere Seele sich nicht berühren.

Reflexion:

Wann haben Sie das letzte Mal bei einem Kontakt mit einer anderen Person gespürt, dieser Person bedeute ich wirklich etwas? Sie hört mir echt zu. Da spüre ich ein empathisches Mitschwingen, eine Resonanz, die mir guttut? Wenn Sie Ihr eigenes Verhalten kritisch in Augenschein nehmen, erwischen Sie sich, wie Sie sich bei einem Gespräch mit einer anderen Person dazu verleiten lassen, Ihr Smartphone zu bedienen? Wie geht es Ihnen, wenn andere das tun, während sie sich in einem intensiven Gespräch mit Ihnen befinden?

Ein Netz von Beziehungen knüpfen

»Für Gesundheit, Glück und Zufriedenheit gibt es nichts Besseres als einen gemeinsamen Abend, der sich um ein Bier schmiegt«, wird der britische Neurowissenschaftler Robin Dunbar zitiert (in: Bernau 2018, 20). Damit soll nicht zum Bierkonsum aufgerufen werden. Es soll damit gesagt werden, dass Freundschaften, enge verbindliche Beziehungen das A und O für ein zufriedenes Leben sind und Alkohol indirekt dabei helfen kann. »Ein Pils am Rheinufer, ein Gin Tonic mit Bekannten in der Kneipe, ein romantisches Abendessen mit einem Glas Wein – all das hinterlässt uns mit neuen oder gestärkten zwischenmenschlichen Beziehungen« (ebd.).

Gute zwischenmenschliche Beziehungen sind mit die effektivste Prophylaxe gegen die Entwicklung eines Burnouts. Die Liebe, die wir in solchen Beziehungen erfahren, trägt entscheidend zu unserer Zufriedenheit bei. Ohne sie, so der Philosoph Feierabend, bleiben selbst die höchsten Errungenschaften blass, leer und gefährlich. Um körperlich und seelisch gesund zu bleiben, ist es daher wichtig, in ein Netz von Beziehungen eingebunden zu sein, in denen wir herausgefordert und geliebt werden.

Das mit der Liebe ist freilich so eine Sache. Wir führen das Wort Liebe oft im Mund. Doch praktizieren wir tatsächlich diese Liebe? Wir werden immer wieder auf Personen treffen, die es ernst meinen mit der Liebe, die sich dann auch in einem echten Interesse, in der Sorge um den Menschen, den man liebt und im Einsatz für ihn niederschlägt. Die Liebe zeigt sich darin, dass wir im Kontakt mit ihm sind, an ihn denken, für ihn beten. Sie zeigt sich vor allem darin, dass wir für die Person, die wir lieben, da sind, uns Zeit für sie nehmen, uns für sie einsetzen. Liebe muss konkret werden, beansprucht Zeit, Energie, Einsatz.

Wenn wir herausfinden wollen, wer uns wirklich liebt, können wir uns vorstellen, wer uns vermissen wird, wenn wir nicht mehr da sind oder wer für uns da sein wird, wenn wir zum Beispiel schwer krank darniederliegen. Das Ergebnis dürfte bei manchen Personen, von denen wir bisher annahmen, dass wir ihnen sehr viel bedeuten, zu einer großen Ernüchterung oder Desillusionierung führen. Zugleich dürfte deutlicher als bisher werden, wer uns tatsächlich liebt. Wir werden dadurch aufmerksamer für und gegenüber Personen, die wir bisher vernachlässigt haben, während wir andere Personen, von denen wir uns haben blenden lassen, bevorzugt haben.

Der Psychiater und Jesuit James Gill Man spricht von einem tragfähigen sozialen und emotionalen Netzwerk, wenn man mit 20 bis 25 Personen auf einer regelmäßigen Basis Beziehungen unterhält. Diese Beziehungen unterscheiden sich hinsichtlich ihrer Verbindlichkeit, Intensität und Innigkeit. Man kann hier auch von einer Hierarchie von Beziehungen sprechen (vgl. Nouwen 1991). Da gibt es zunächst einmal einen innersten Kreis, zu dem der oder die gehört, die uns am nächsten ist. Das können die Lebenspartnerin, die Familienmitglieder, ein Freund, eine Seelenfreundin, ein Mitbruder oder eine Mitschwester sein. Es sind die Menschen, mit denen wir uns verbunden fühlen und die wir besonders lieben. Wie die Beziehungen aussehen, ob es sich um eine klassische Ehe, eine verbindliche

Beziehung ohne Trauschein, eine schwule Beziehung handelt, ist zunächst sekundär. Entscheidend ist, in solchen Beziehungen Liebe, Wertschätzung und Respekt zu erfahren.

An diesen innersten Kreis schließt sich der Kreis der Personen an, denen wir uns auch nahe fühlen, aber nicht so nahe wie zu den Personen, die zum innersten Kreis gehören. Das können Verwandte oder gute Bekannte sein. In einem etwas weiteren Umfeld finden sich die Personen, zu denen wir zu unterschiedlichen Zeiten mal mehr, mal weniger intensive Kontakte unterhalten wie Nachbarn oder Personen, mit denen wir für eine befristete Zeit engeren Kontakt haben. Schließlich kommen noch weiter draußen zum Beispiel Kollegen und Kolleginnen dazu. Natürlich kann auch eine Arbeitskollegin zum engsten oder engen Kreis gehören, während zum Beispiel Verwandte, zu denen man keinen Kontakt hat, ganz außen angesiedelt werden können. Jedenfalls gehören die genannten Personengruppen zu dem Kreis von Menschen, die in unserem Leben eine mal mehr, dann wieder weniger große Rolle spielen.

Mit den Personen der inneren Bereiche unterhält man häufige Kontakte und investiert viel Zeit, Energie und seelische Kraft für die Pflege dieser Beziehungen. Sie sind für unser emotionales Wohlbefinden besonders wichtig. Es sind die Menschen, mit denen wir Feste feiern und an die wir uns jederzeit in unterschiedlichen Angelegenheiten wenden können. Mit diesen Personen teilen wir die gleichen Wertvorstellungen. In Krisenzeiten dürfen wir sie als eine große Stütze erfahren. Unter ihnen befinden sich auch die Frauen und Männer, die eine Art »Kummerkasten« für uns sind, mit denen wir über alles reden können.

Manchmal verlangt es auch, alte Muster, wie oder mit wem man zusammenlebt, zu durchbrechen. Normalerweise trennt man den Arbeitsbereich und die Personen, mit denen man es dort zu tun hat, vom Privatleben. Inzwischen gibt es aber auch andere Modelle, bei denen Berufs-und Privatleben miteinander verschmelzen, bis dahin, dass der Freundeskreis deckungsgleich ist mit dem Kollegenkreis. Das hat für viele den Vorteil, immer in einem Beziehungsnetz zu stehen (vgl. Weiß 2018, C1). Wie so vieles, das Vorteile mit sich bringt, kann diese größere Flexibilität auch als Nachteil mit sich bringen, dass andere wichtige Lebensbereiche außen vor bleiben, wie Teilnahme an einem Verein, Stammtisch mit alten Kumpeln, regelmäßiges Treffen in einem Frauenkreis, um nur einige Möglichkeiten zu nennen. Auch kann der so notwendige Ausgleich zu kurz kommen, wenn die Arbeit allgegenwärtig ist.

Enge Beziehungen kosten viel. Sie kosten Zeit, die wir anscheinend nicht haben. Das müssen sie uns aber wert sein. Daran geht kein Weg vorbei, wollen wir uns die Lust am Leben erhalten. Wir brauchen Resonanzbeziehungen, bei denen wir von jemandem im Inneren berührt werden. Eine besonders wirkungsvolle Resonanzbeziehung finden wir in innigen Freundschafts- oder Liebesbeziehungen.

»Wenig ist für ein gutes Leben so wichtig wie Freundschaften. In allen Belangen. Menschen mit vielen Freunden sind glücklicher, verdienen mehr und leben länger. Zum Beispiel hängt bei Herzinfarkt-Patienten die Überlebenschance im Jahr nach ihrem Infarkt extrem davon ab, ob sie ein paar Freunde haben. Einsamkeit ist problematischer als Übergewicht und Rauchen« (Bernau 2018, 20). Eigentlich müssten wir es wissen: Enge, innige und verbindliche Beziehungen sind das Kostbarste, was wir haben können. Also bringen wir dafür das auf, was heute oft als das Kostbarste gesehen wird – Zeit.

Reflexion:
Wer gehört zu dem Personenkreis, zu dem Sie die Menschen zählen, die Ihnen am wichtigsten sind? Genügen Ihnen diese Beziehungen oder haben Sie den Eindruck, zu wenig in ein tragfähiges Beziehungsnetz eingebunden zu sein? Was könnte Sie tun, um das zu verändern? Mit wem würden Sie gerne Kontakt aufnehmen, getrauen sich aber nicht, es zu tun? Was könnte Ihnen helfen, es dennoch zu wagen?
Wenn Sie morgen nicht mehr aufwachen würden, wer, meinen Sie, würde Sie vermissen? Wem würden Sie wirklich fehlen? Sind es vielleicht Personen, die Sie im Alltag gar nicht im Blick haben und beachten? Haben Sie ihnen schon mitgeteilt, was jene Ihnen bedeuten? Wäre das jetzt an der Zeit? Gibt es auf der anderen Seite Personen, von denen Sie sich besser trennen sollten, weil Sie, wenn Sie genauer hinschauen, feststellen müssen, dass Sie zu ihnen keine echte Beziehung haben? Oder wollen Sie etwas dafür tun, um die Beziehung wieder aufleben zu lassen?

TEIL IV

… damit wir nicht den Anschluss an das Grenzenlose verpassen

Wollen wir ein erfüllendes Leben leben und vermeiden, innerlich auszubrennen, sollten wir immer wieder eine gute Balance zwischen dem Innen und dem Außen herstellen. Unser Leben findet zunächst außen statt, in all der Vielfalt, Buntheit, mit all der Sinnlichkeit und Leidenschaft, die Leben ausmacht. Es findet statt in unseren Begegnungen, in unserer Arbeit, im Kampf und in der Entspannung. Es bedarf dazu unseres Leibes, der Erde, der Schöpfung, der Sonne, des Wassers, der Nahrung. Das alles gehört zum Leben. Ebenso Lust, Wonne, Schönheit, Berührung, Erregung, Liebe. Man könnte endlos fortfahren und aufzeigen, was noch alles zum Leben gehört.

Zum Leben gehört aber auch unser Innenleben oder unsere Innenwelt. Der Tiefenpsychologe C. G. Jung würde hier von der Person Nr. 2 im Unterschied zu der Person Nr. 1 sprechen. Person Nr. 1 lebt in der äußeren Welt, zum Beispiel als Ehemann, Vater, Freund, Mitarbeiter, Psychotherapeut. Sie sucht ihren Platz in der Welt und in der Gesellschaft. Person Nr. 2 ist die innere Person, die inwendig lebt. Über die Person Nr. 2 hören wir nach innen, kommen wir in Kontakt mit unserer Tiefe. Ja, in einer gewissen Weise steht die Person Nr. 2 für unsere Tiefe, für unsere Innerlichkeit. Dort vernehmen wir unsere Sehnsucht, mit dem Grenzenlosen, dem Unendlichen, dem Ewigen in Kontakt zu kommen.

Mit dieser inneren Person kommen wir unter anderem in Kontakt durch Meditieren oder sie erwacht in der Begegnung mit der Natur, bei einem Spaziergang durch den Wald, beim Betrachten eines Wasserfalls, beim Lauschen auf das Rauschen des Meeres, im Staunen über die Erhabenheit einer Berglandschaft. Auf eine ganz besondere und intensive Weise kommen wir über unsere Träume mit diesem inneren Bereich in uns in Berührung.

In unsere Tiefe hinabsteigen

Wir wollen, so Hartmut Rosa, die Welt als Resonanzraum erfahren. Davon war bisher immer wieder die Rede. Wir sehnen uns danach zu spüren, dass es zwischen unserem Innenleben und der Welt außen, anderen Menschen, die Möglichkeit auf einen Widerhall gibt, einen Einklang, so etwas wie ein Resonanzverhältnis. Was außen geschieht, soll einen Widerhall in uns finden. Zugleich soll aber auch, was in uns ist, im Außen »sichtbar« sein. Rainer-Maria Rilke spricht vom »Doppelbereich«, in dem wir im Grunde genommen leben: »das Geistliche und das Emotionale, das Leibliche und das Seelische, das Profane und das Heilige, das Zeitliche und das Ewige« (Steindl-Rast 2016, 187). Beide Bereiche sind wichtig und es ist daher ratsam, Einseitigkeiten zu vermeiden, also nur im Inneren oder nur im Äußeren zu leben.

Wollen wir unsere Innenwelt erfahren, müssen wir in sie eintauchen. Das geschieht durch Innehalten, Meditieren, Traumarbeit, Imagination, Erfahrungen, die uns tief berühren. Wollen wir das, was wir außen erleben, tiefer, intensiver erleben, muss es in unserer Tiefe eine Resonanz auslösen. Es muss unsere Tiefenschicht berühren. Geschieht das nicht, bleibt unsere Erfahrung oberflächlich und schal. Das kann so weit gehen, dass wir erst dank unserer Innenwelt empfänglich sind für die Schönheit, die Einzigartigkeit, die Faszination, die unser äußeres Leben uns bietet.

Das verlangt von uns, mit unserem Innenraum in Berührung zu sein. Es erfordert, uns Zeit dafür zu nehmen, ihn zu pflegen, bewusst auch ein Innenleben zu leben. Wenn viele Menschen heute innerlich ausbrennen, dann ist das auch darauf zurückzuführen, dass sie sich nicht Zeit dafür nehmen, ihrem Innenraum die notwendige Aufmerksamkeit und Pflege zu widmen. Sie erachten ihn nicht für so wichtig wie den Außenbereich, der sie völlig in Beschlag nimmt. Andere wieder haben erkannt, von welch zentraler Bedeutung die Person Nummer 2 ist. Sie halten immer wieder inne, meditieren regelmäßig, ziehen sich für einige Zeit in ein Kloster zurück, pilgern, nehmen an Kursen teil, bei denen es um Seelenarbeit geht, beschäftigen sich mit ihren Träumen.

So ist es gut, in das bunte Leben einzutauchen, uns dort inspirieren zu lassen, neue Eindrücke aufzusaugen, Teil des Lebens und Treibens zu werden. Dabei auch die Schönheit des Lebens, die Lebendigkeit um uns herum, die vielen kleinen Wunder, die wir entdecken, wenn wir die Augen dafür haben, auf uns wirken zu lassen. Um uns dann nach innen zu kehren, einzutauchen in unsere Tiefe. Dann sehen und erleben wir auf eine vertiefte Weise, was wir außen sehen und erleben, dann bleibt es nicht länger nur etwas außen und im Außen Erlebtes, sondern von innen her Erlebtes.

Wir können dann mit dem Mystiker Thomas Traherne (1996, 117) die Welt als »ein großartiges Juwel der Freude – ein rechtes Paradies und Himmelstor« erleben. »Sie ist das schöne Titelbild der Ewigkeit, der Tempel Gottes, der Palast seiner Kinder.« Sie ist Gottes Werk, von dem wir uns mit Lust nähren. Wenn wir unseren Innenraum besuchen und mit dieser Welt vertraut werden, bekommen wir auch einen Blick für die Schönheit, der wir dort begegnen. Es ist eine Welt, die Teresa von Ávila (Lorenz 1999, 170) von der Seele sprechend als »eine Burg aus Diamant oder klarem Kristall«, als »ein Paradies, in dem der Herr, wie er selbst sagt, seine Lust hat«, beschreibt.

Teresa kann verstehen, dass es Zeit braucht, bis wir soweit sind und den Reichtum, der uns in unserem Innenraum erwartet, sehen und uns aufmachen, den Weg nach innen zu gehen. Sie traut uns aber zu, dass wir mit der Zeit den Weg nach innen finden. Denn obwohl wir sehr in das Weltliche verflochten sind, haben wir die Sehnsucht nach der Erfahrung von Innigkeit. »Denn wo ihr Schatz ist, dahin strebt ihr Herz« (Lorenz 1999, 174f).

Seine Reise in seinen Innenraum beschreibt sehr eindrucksvoll Pierre Teilhard de Chardin (2000, 71f):

> »So habe ich also, vielleicht zum ersten Mal in meinem Leben (ich, der alle Tage meditieren wollte!), die Lampe

> genommen, und so bin ich, den anscheinend hellen Bereich meiner alltäglichen Beschäftigungen und Beziehungen verlassend, in das Innerste meiner selbst hinabgestiegen, in den tiefen Abgrund, aus dem, das spüre ich verworren, mein Handlungsvermögen hervorgeht. Doch in dem Maße, wie ich mich von den konventionellen Evidenzen entfernte, die das soziale Leben oberflächlich erhellen, wurde ich mir darüber klar, dass ich mir selbst entglitt. Mit jeder hinabgestiegenen Stufe zeigte sich in mir eine andere Gestalt, deren genauen Namen ich nicht nennen konnte und die mir nicht mehr gehorchte. Und als ich meine Forschung einstellen musste, weil der Weg unter meinen Schritten fehlte, lag zu meinen Füßen ein bodenloser Abgrund, aus dem, ich weiß nicht woher kommend, der Strom heraufkam, den ich wirklich *mein* Leben nennen wage.«

Wir brauchen Zeiten des Innehaltens auch, um uns auf die tieferen Fragen des Lebens zu besinnen, deren Beantwortung und Konsequenzen, die wir daraus ziehen, nicht weniger für ein erfüllendes Leben von Bedeutung sind als die Beschäftigung mit wirtschaftlichen Angelegenheiten. Das Innehalten mit seiner heilsamen Stille macht uns empfänglicher für alles, was in unserem Leben geschieht. So kann man Henry David Thoreau (1996, 55) nur zustimmen, wenn er empfiehlt: »Statt dass der Pfarrer den verschlafenen Bauern an ihrem Ruhetag mit einer vertrackten Predigt, Punkt drei bis fünfzehn, die Ohren vollbläst, soll er ihnen lieber beibringen, was Innehalten und Einfachheit bedeuten.«

Viele haben gute Erfahrungen damit gemacht, am Beginn eines Tages sich ganz bewusst etwas Zeit für sich selbst zu nehmen und dabei dem Innenraum eine besondere Aufmerksamkeit zu schenken. Wann eine solche Zeit des Innehaltens für jemanden günstig ist, wird auch von den jeweiligen Gegebenheiten und Möglichkeiten abhängig sein. Ideal wäre es, wenn man es sich so einrichten kann, dass man diese Zeit für sich fest einplant und sie zu einem selbstverständlichen Ritual wird.

Reflexion:
Sind Sie in Kontakt mit Ihrem Innenraum, in der Sprache von C. G. Jung mit der Person Nr. 2? Wie viel Aufmerksamkeit schenken Sie diesem Bereich? Was tun Sie bisher zur Pflege Ihres Innenraumes, zum Beispiel durch gelegentliches Innehalten, durch Meditieren, Betrachtung, Imaginationsübungen, Beten, Traumarbeit, Kontakt mit Ihrem inneren König oder Ihrer inneren Königin?

Uns mitten im Leben an das Grenzenlose anschließen

Wir haben einen Innenraum, dem wir unsere Aufmerksamkeit schenken sollen. Er bedarf der Pflege. Wir können und sollen immer wieder in ihn eintauchen. Das sollten wir nicht vergessen. Es gibt nicht nur ein äußeres Leben, für dessen Gestaltung wir unsere ganze Kreativität und Energie verwenden. Nicht nur ein Leben, von dessen Gelingen wir abhängig machen, ob wir ein zufriedenes und erfüllendes Leben führen. Da gibt es auch ein inneres Leben, das nicht weniger wichtig für ein gelingendes Leben ist.

Es ist unser innerer Raum, über den wir ein Gespür für das Geheimnisvolle vermittelt bekommen. Rainer Maria Rilke spricht vom »Weltinnenraum« und meint damit »das Namenlose«, die »Unbetretbarkeit«, das Geheimnis (Steindl-Rast 2016, 183). Als ich vor vielen Jahren den inzwischen verstorbenen Regensburger Pastoraltheologen Joseph Goldbrunner in Regensburg traf, erzählte er mir, dass Carl Gustav Jung ihn einmal zu sich nach Hause eingeladen hatte. Nach dem Abendessen ging C. G. Jung mit ihm hoch in sein Arbeitszimmer. Dort führte er ihn zu einem Foto vom Turiner Grabtuch, das hinter einem Vorhang verborgen an der Wand hing. Während sie das Bild betrachteten, sagte C. G.Jung sinngemäß zu ihm: »Ich bin nur noch an dem Unsichtbaren, dem Geheimnisvollen, interessiert.«

Für C. G. Jung ist es wichtig, dass wir ein Geheimnis, eine Ahnung von etwas nicht Wissbarem haben. Der Mensch muss spüren, dass er in einer Welt lebt, die in einer gewissen Hinsicht geheimnisvoll ist, in der viele Dinge geschehen und erfahren werden können, die unerklärbar bleiben. Nur dann ist sein Leben ganz. Wer das nicht erfahren hat, hat seiner Ansicht nach etwas Wichtiges verpasst. Er selbst sieht sich als jemanden, für den die ›Zwischenwände‹ durchsichtig sind, sodass er die Vorgänge des Hintergrundes, den Strom des Lebens wahrnehmen kann. Der Hintergrund steht für die innere Welt von Person Nr. 2. Wer sie betritt, wird, so C. G. Jung, verwandelt. Von der Anschauung des Ganzen überwältigt und seiner selbst vergessend, kann er sich nur noch wundern. Hier lebt der ›Andere‹, der Gott als ein heimliches, persönliches und zugleich überpersönliches Geheimnis kennt. Hier trennt den Menschen nichts von Gott.

Der Dichter William Blake (zit. nach Easwaran 2002, 229) schreibt: »Würden die Pforten der Wahrnehmung gereinigt, erschiene den Menschen alles, wie es ist: unendlich«. Wenn die Pforten unserer Wahrnehmung gereinigt sind, bekommen wir ein Gespür für das Geheimnisvolle. Unser Leben wird dadurch bereichert. Wir bekommen dann auch eine Ahnung davon, was das meint, mitten im Leben an das Grenzenlose angeschlossen zu sein. So fasziniert mich, was C. G. Jung (1997, 328) am Ende seines Lebens über das Grenzenlose schreibt: »Wenn man versteht und fühlt, dass man schon in diesem Leben an das Grenzenlose angeschlossen ist, ändern sich Wünsche und Einstellung. Letzten Endes lebt man wegen des Wesentlichen, und wenn man das nicht hat, ist das Leben vertan.«

Zunächst ist es für uns wichtig, um die Welt des Ewigen, des Grenzenlosen zu wissen. Über das Wissen hinaus müssen wir diese Welt des Grenzenlosen erfahren, in sie eintauchen, uns mit ihr verbinden, sodass wir uns als Teil eines Größeren fühlen. Wir müssen mit unserer Tiefe in Berührung sein, die so etwas wie ein Resonanzboden ist, um die Verbundenheit mit dem Grenzenlosen spüren zu können. Dort sind wir empfänglich für die Erfahrung, Teil eines Größeren zu sein. Das meint wohl auch Romano Guardini, wenn er uns dazu ermutigt, dass unser ganzes Leben der Ewigkeit Nachbar sein sollte. Hermann

Hesse spricht von der »ungestörten Andacht vor dem Ewigen«.

Für mich ist daher das Einüben in diese Wachheit für das Grenzenlose von zentraler Bedeutung. Das ist auch einer der Gründe, warum ich den Tag damit beginne, meine Träume in Erinnerung zu rufen und dadurch auch mit meiner Tiefe in Berührung zu kommen, aus der ja meine Träume entströmen. Dabei geht es mir nicht in erster Linie darum, meine Träume zu interpretieren, sondern sensibel und wach zu sein für die Welt des Grenzenlosen, des Unendlichen, mit der ich über meine Träume in Berührung komme. Aber auch Imaginationsübungen, Zeiten der Stille, ein Sich-Versenken in der Meditation oder Kontemplation können uns dabei unterstützen.

Unser Leben erfüllt uns, wenn wir mitten im Leben, mitten im Trubel unseres Lebens, uns in unsere Tiefe verankern können, aus unserer Tiefe heraus leben können und dabei die Erfahrung machen, jetzt schon an das Grenzenlose angeschlossen zu sein. Diese Erfahrung schenkt uns Gelassenheit. Sie lässt uns ruhig werden. Wir sind mitten im Leben und wissen uns zugleich verbunden mit etwas, das größer ist als wir. Wir lassen uns von der Hektik des Alltags, der Welt des »Du musst« und »Du sollst«, nicht davontragen.

Damit das geschehen kann, sollten wir immer wieder eintauchen in unsere Tiefe, um aus der Erfahrung der Tiefe heraus unser Leben zu leben, auszukosten, den Augenblick zu leben und dabei die Erfahrung zu machen, jetzt schon, heute, hier, an das Grenzenlose angeschlossen zu sein. Wollen wir nicht im Trott des Alltags versinken, wollen wir

»dem eigentlichen, wirklichen Leben nähertreten« (Thoreau 1979, 98), damit wir nicht, wenn es ans Sterben geht, einsehen müssen, dass wir gar nicht gelebt haben, müssen wir offen sein für das Geheimnisvolle und unser Leben um die Erfahrung des Grenzenlosen bereichern.

Das Bewusstsein, dass alles, was wir tun, »unter dem Zeichen der Ewigkeit« (Thoreau 1996, 33) steht, sollte unser Tempo drosseln. Also nicht anstacheln, möglichst viel in der uns verbleibenden Zeit zu erreichen. Es sollte uns ermutigen, intensiver zu leben, uns Zeit zu lassen für das, was uns auf dem Weg zur Ewigkeit begegnet.

Reflexion:

Kennen Sie die Erfahrung, mitten im Leben an das Grenzenlose angeschlossen zu sein? Wie wirkt sich diese Erfahrung auf Ihr Leben aus? Was können Sie tun, um diese Erfahrung zu machen?

Wenn es hektisch um Sie herum wird, Sie nervös werden oder ungeduldig reagieren, kann es helfen, sich für eine Weile in die Welt der Ewigkeit zurückzuziehen. Das ermöglicht es Ihnen, in Distanz zu treten zu dem, was Sie im Moment beschäftigt oder bewegt. Sie werden das als wohltuend erleben. Sie lassen sich nicht länger von dem, was um Sie herum geschieht, was in Ihnen vorgeht, »auffressen« oder davontragen. Sie verschanzen sich dabei nicht hinter der Ewigkeit. Sie bleiben in Kontakt mit der Welt um Sie herum. Sie sind zugleich aber auch in einer einzigartigen Weise in Kontakt mit sich selbst, mit Ihrem Selbst. Sie reagieren nicht nur von der Oberfläche her, sondern von innen heraus.

Durch Meditieren unseren Innenraum betreten

Eine spirituelle Praxis, bei der wir mit unserem Innersten in Berührung kommen, uns in etwas verankern, das größer ist als wir, kann unsere Sensibilität für das Grenzenlose und Geheimnisvolle fördern. Wie das überhaupt für Erfahrungen gilt, bei denen wir das Gefühl haben, etwas ergreift uns in einer Tiefe, wie wir es sonst nicht bei uns kennen. Bei einem Gottesdienst kann diese Erfahrung »sowohl eine horizontale Gemeinschaftsdimension als auch eine vertikale Tiefendimension« (Rosa 2017, 362) annehmen, bei der wir mit dem Grenzenlosen in Berührung kommen. Wir machen eine Resonanzerfahrung, die uns ganzheitlich berührt. Die Feier der Eucharistie oder des Abendmahles, Beten, das aus der Tiefe kommt und in die Tiefe führt, können dazu beitragen, die Verbundenheit mit dem Ewigen vergegenwärtigend erfahrbarer zu machen.

Eine Weise, die sich besonders dafür eignet, mit unserer Tiefendimension in Kontakt zu kommen, ist die Meditation. Sie ist für mich die Hochform von Innehalten, bei dem wir in unsere Tiefe eintauchen. Im schweigenden Sitzen können wir, so Niklaus Brantschen (2003, 44), »so etwas wie Zeitlosigkeit in der Zeit erfahren ..., einen Hauch von Ewigkeit«.

Es gibt viele Formen und ganz unterschiedliche Vorstellungen davon, wie man meditiert. Ich nehme mir in der Regel 20 Minuten Zeit, den Blick nach innen zu richten und in meinen Innenraum einzutreten. Wer sich am Morgen Zeit nehmen kann, länger zu meditieren, sollte für sich herausfinden, was für ihn die geeignetste Form dafür ist.

Man sollte sich freimachen von Vorstellungen oder auch oft gut gemeinten Vorschlägen, nur so und so könne man richtig meditieren. Entscheidend ist, dass wir uns Zeit dafür nehmen. Für die eine sind es fünf Minuten, der andere kommt auf 10 Minuten, wieder andere können es sich leisten 20 oder gar 30 Minuten zu meditieren.

Ich sitze beim Meditieren auf einem Meditationshocker, schließe die Augen, kehre mich nach innen. Die Hände lege ich locker in meinen Schoß. Eine andere zieht es vielleicht vor, auf einem Stuhl oder einem Sessel zu sitzen, sodass sie sich auch gegebenenfalls anlehnen können. Hier muss jeder und jede für sich selbst herausfinden, was für sie am besten passt. Ich sitze dann einfach da, komme mit meinem Innenbereich in Berührung.

Dabei geht mir oft vieles durch den Kopf. Das lasse ich zu, versuche dann aber wieder mich auf mich zu konzentrieren. Wenn während der Meditation die Gedanken immer wieder abschweifen oder tausenderlei Dinge durch den Kopf gehen, empfiehlt Andreas von Heyl (2011, 149f), die Gedanken wie die Wolken am Himmel vorbeiziehen zu lassen: »Schauen Sie die Gedanken kurz an und lassen Sie sie dann weiterziehen. Oder stellen Sie sich vor, Sie sitzen an einem langsam fließenden Fluss. Immer kommt ein Kahn vorbei. Sie setzen den Gedanken, der Sie gerade beschäftigt, behutsam in den Kahn und lassen ihn den Fluss hinuntertreiben. Die Inder sagen: »Die Gedanken sind wie Affen, die in deinem Gehirn wie in einem Baum herumturnen. Stell dich also still vor den Baum, fange einen nach dem anderen ein, betrachte ihn einen Augenblick und setze ihn neben dir auf die Erde. Aber streite nicht mit ihm, beschimpfe ihn nicht. Er ist ja nicht dein Gegner, sondern dein eigener Gedanke. Nimm ihn und setze ihn still und freundlich und im Frieden auf die Seite.«

Ich empfehle, sich einen bestimmten Platz, eine besondere Nische für die Meditation auszusuchen. C. G. Jung berichtet von indischen Häusern, in welchen sich meist ein Raum befindet, wohin sich die Menschen zum Meditieren zurückziehen können. Manchmal ist es auch nur eine durch einen Vorhang abgetrennte Ecke eines Zimmers. Es ist der Ort, an dem wir innehalten. Ein Platz, der dafür reserviert ist und der uns daran erinnert, uns ab und zu dahin zurückzuziehen, um auf eine andere Weise, als das sonst tagsüber der Fall ist, innerlich präsent zu sein. Das erinnert mich auch an den Herrgottswinkel, den es früher in den Häusern gab. Das war die Stelle im Haus, der eine besondere Bedeutung zugesprochen wurde.

Bei der Auswahl des Ortes für die Meditation sollte auch bedacht werden, dass man an diesem Ort während des Meditierens nicht von außen gestört wird. Ich bin mir bewusst, dass das in vielen Fällen nur bedingt möglich ist. Wir sollten aber versuchen, das, was wir dazu beitragen können, zu tun. Wir können die Mitbewohner bitten, uns in dieser Zeit alleine zu lassen und sich nach Möglichkeit ruhig zu verhalten. Wir können schauen, wo werden wir am meisten von Außengeräuschen verschont. Manchmal können wir selbst schon eine Menge tun, uns nicht stören zu lassen, indem auf alle Fälle das Smartphone in dieser Zeit ausgeschaltet bleibt und nicht irgendwelche Töne von sich gibt, wenn uns jemand kontaktiert. Dann gibt es aber auch Situationen, bei denen sich Störungen von außen nicht vermeiden lassen, etwa wenn wir neben der Bahn oder in der Nähe einer Autobahn leben und ständig mit entsprechendem Lärm rechnen müssen. Hier bleibt uns oft nichts anderes übrig als diese Störung zu akzeptieren und in einer gewissen Weise in unser Innehalten mit hineinzunehmen.

Die inhaltliche Gestaltung der Meditation kann ganz unterschiedlich aussehen. Manchmal spreche ich, während ich mit geschlossenen Augen dasitze, einen Text in meinem Herzen, der mir wichtig ist und den ich auswendig kenne, zum Beispiel das »Vaterunser« oder das »Gegrüßet seist du Maria«. Für einen anderen kann das aber auch ein für ihn wichtiger Text sein, der seine Seele nährt. Oder wir sagen in unserem Herzen ein Gedicht auf, das uns viel bedeutet. Ich empfehle, diesen Text Wort für Wort im Herzen zu sprechen oder aber auch laut vor sich her zu sprechen und zu versuchen, ganz bei dem zu bleiben, was wir gerade sprechen. Dieser Text kann auch solange wiederholt werden, bis die vorgesehene Zeit für die Meditation zu Ende ist.

Eknath Easwaran (2002, 191f) empfiehlt, sich einige tiefgründige Texte anzueignen, die eine starke Aussagekraft haben. Denn die Meditation verlangsamt nicht nur den Geist, sondern sie formt uns auch. Wir werden immer mehr zu dem, über das wir meditieren. Daher ist eine gute Auswahl wichtig, soll der Text doch unterstreichen, was wir sind oder werden wollen. In ihm sollen nach Möglichkeit unsere Überzeugungen und Ideale angesprochen werden. Haben wir uns für einen Text entschieden, sollten wir ihn so langsam wie nur möglich durchgehen, dabei »jedes Wort wie ein Juwel in die Tiefen« (ebd. 299) unseres Bewusstseins sinken lassen. Es ist wichtig, dabei so langsam wie nur möglich vorzugehen, weil die Gefahr besteht, dass man durch den Text rast und, kaum hat man die Meditation beendet, in die alte, von Hektik bestimmte Tretmühle zurückhetzt.

Ein Textbeispiel, das wir für die Meditation benutzen können, ist folgendes wunderschöne dem heiligen Franziskus zugeschriebene Gebet (zit. nach Easweran 2002, 199):

O Herr, mache mich zu einem Werkzeug deines Friedens,
dass ich Liebe übe, wo man sich hasst,
dass ich verzeihe, wo man sich beleidigt,
dass ich verbinde, da, wo Streit ist,
dass ich die Wahrheit sage, wo der Irrtum herrscht,
dass ich den Glauben bringe, wo der Zweifel drückt,
dass ich die Hoffnung wecke, wo die Verzweiflung quält,
dass ich ein Licht anzünde, wo die Finsternis regiert,
dass ich Freude mache, wo der Kummer wohnt.
Herr, lass du mich trachten:
Nicht, dass ich getröstet werde, sondern dass ich tröste;
Nicht, dass ich verstanden werde, sondern dass ich verstehe;
Nicht, dass ich geliebt werde, sondern dass ich liebe.
Denn wer da hingibt, der empfängt;
Wer sich selbst vergisst, der findet;
Wer verzeiht, dem wird verziehen;
Und wer stirbt, erwacht zum ewigen Leben.

Eine andere Möglichkeit besteht darin, einen Psalmvers, der uns anspricht, einfach auf uns wirken zu lassen. Ich lese zuerst den Psalmvers, formuliere ihn für mich so um, dass er mich direkt anspricht, und spreche dann mit geschlossenen Augen einige Male meine Version des Verses in meinem Herzen aus. Dabei stelle ich mir das, was ich spreche, was mir in diesem Vers gesagt und zugesagt wird, so lebendig wie es mir möglich ist, vor.

Wollen wir unserem Innenleben die notwendige Aufmerksamkeit schenken, kann helfen, feste Zeiten zu haben, an denen wir diese Aufmerksamkeit konkretisieren, indem wir uns die Zeit dafür nehmen, in unsere Tiefe hinabzusteigen, mit ihr in Berührung zu kommen. Denn so sehr es wichtig ist, von außen Resonanz zu bekommen, sollte uns das nicht dazu verleiten, der Resonanz von innen weniger Bedeutung beizumessen. Die Erfahrung, die wir machen, wenn wir im Meditieren in unsere Tiefe eintauchen, kann eine starke Wirkung bei uns auslösen. Sie lässt uns anders in der Welt sein, fühlen wir uns doch verankert in etwas, das größer ist als wir es sind. Das gibt uns Halt und hilft uns, schwierige Situationen gelassener anzugehen. Wir fühlen uns getragen und gehalten. Wir spüren die Verbundenheit mit etwas, das größer ist als wir es sind.

Reflexion:

Meditieren Sie? Welche Erfahrungen haben Sie damit gemacht? Wann ist für Sie eine gute Zeit? Sollten Sie bisher nicht meditiert haben, hätten Sie Lust, es einmal zu versuchen? Wenn ja, stellen Sie keine zu großen Anforderungen an sich und versuchen Sie es auf die Weise, die für Sie passt.

In Psalm 369 heißt es:
Die Menschen bergen sich im Schatten deiner Flügel.
Sie laben sich am Reichtum deines Hauses;
Du tränkst sie mit dem Strom deiner Wonnen.

Wenn Sie diese Verse für sich so umformulieren, dass sie Sie direkt ansprechen, lauten sie:
»Ich berge mich im Schatten deiner Flügel.
Ich labe mich am Reichtum deines Hauses;
Du tränkst mich mit dem Strom deiner Wonnen.«

Mit geschlossenen Augen stellen Sie sich jetzt vor, wie Sie sich bergen im Schatten Gottes, sich dort ausruhen, sich geborgen fühlen. Dann stellen Sie sich vor, wie Sie im Hause Gottes verweilen, wo er zuhause ist, Sie seine Anwesenheit, seine Nähe spüren. Schließlich stellen Sie sich vor, wie Sie der Strom seiner Wonnen, seiner Liebe, erfasst.

Über die Träume mit dem Grenzenlosen in Berührung kommen

Nach Sigmund Freud sind unsere Träume der königliche Weg zum Unbewussten. Über unsere Träume erhalten wir Botschaften aus unserem Innenbereich. Sie vermitteln darüber hinaus etwas von der Atmosphäre unseres Innenraumes und tragen so dazu bei, mit ihm in Berührung zu kommen. Sie fördern damit, dass wir die Erfahrung machen dürfen, mitten im Leben an das Grenzenlose angeschlossen zu sein. Darin sehe ich eine große Bereicherung unseres Lebens.

Wir sollten deshalb unseren Träumen unsere volle Aufmerksamkeit schenken.

Erich Fromm sagt, ein Traum, den wir nicht angeschaut haben, ist wie der Brief eines Freundes, den wir nicht gelesen haben. Das aber wollen wir doch nicht versäumen. Im Schlaf, so der jüdische Schriftsteller Friedrich Weinreb, tauchen wir in den göttlichen Wurzelgrund ein. In unseren Träumen, so die Überzeugung der Verfasser der Bibel, spricht Gott zu uns. Wer wollte nicht hören, was Gott zu uns spricht? Wenn man dann auch noch von der Begeisterung hört, mit der Henry David Thoreau (1996, 79) über die Träume spricht – für ihn sind sie göttlich, »als hätte Gott eine Reise in seine Heimat angetreten«.

Wer sich von Thoreaus Begeisterung anstecken lässt, dem empfehle ich, ein Traumtagebuch zu führen. Das fördert nach meinen Erfahrungen unser Vermögen, uns an unsere Träume zu erinnern. Dieses Traumtagebuch sollte neben unserem Bett liegen. Wenn wir am Morgen aufwachen, sollten wir uns die Zeit dafür nehmen, kurz innezuhalten, um am besten, noch bevor wir aufstehen, unsere Aufmerksamkeit unseren Träumen und damit auch unserer Innenwelt zu schenken. Wir fragen uns: »Was fühle ich? Was geht mir durch den Kopf?« Wir versuchen, mit unserer Seele in Berührung zu kommen, die C. G. Jung (1972, 20) einmal »das lebendige Ding« nennt, »das wir deutlich oder undeutlich als Grund für unser Bewusstsein spüren oder als die Atmosphäre unseres Bewusstseins«.

Die Atmosphäre unserer Seele nehmen wir am besten wahr, wenn wir gerade aus einem Traum aufwachen oder noch halb in der Welt unserer Träume leben. Da kann es sein, dass wir froh gestimmt aufwachen, die Seele in uns singt, wir uns beschwingt, frei, erlöst, fühlen. Wir können dann aus ganzem Herzen heraus sagen: »O Augenblick verweile, du bist so schön.« Dann gibt es Tage, an denen wir beschwert aufwachen, uns etwas bedrückt, wir vielleicht launisch und unzufrieden sind. Es kann sein, dass wir nicht feststellen können, was in unserem äußeren Leben dafür verantwortlich zu machen ist. Doch eine tiefere Seite in uns empfindet etwas, auf das uns die Seele aufmerksam machen möchte.

Nach diesem kurzen Innehalten, bei dem wir auch versuchen, uns an unseren Traum zu erinnern, von dem die in uns vorhandene Stimmung mitgeprägt ist, schlage ich vor, den Traum aufzuschreiben. Ich empfehle, den Traum möglichst bald nach dem Aufwachen aufzuschreiben, wenn wir noch in Berührung sind mit der Traumwelt. Je mehr wir dabei in einem halbwachen Zustand verharren, umso mehr werden unsere Aufzeichnungen von der Atmosphäre unserer Seele, die sich über unsere Träume meldet, eingefärbt sein. Manche empfehlen deswegen, den Traum, soweit das möglich ist, im Halbdunkel aufzuschreiben, also kein Licht anzumachen – wenn nötig eine Kerze anzuzünden –, um die Traumatmosphäre nicht durch elektrisches Licht zu verscheuchen.

Im Unterschied zum üblichen Tagebuch, in das wir die äußerlich erlebten Ereignisse oder unsere Gedanken eintragen, müssen wir die Eintragungen für das Traumtagebuch dem Innenbereich »abringen«. Dafür bedarf es manchmal auch einer Kunst. Denn ehe wir uns versehen ist diese Welt wieder abgetaucht, versunken im Unbewussten. Hier soll man sich nichts vormachen. Oft glaubt man, der Traum war so wichtig und es wird nicht schwer sein, sich wieder an ihn zu erinnern. In der Regel wird es aber so sein, dass der Trauminhalt sehr schnell wieder entschwindet, wenn wir den Traum nicht gleich aufschreiben. Ein Traumtagebuch, das neben dem Bett liegt, hilft dabei, dieses Vorhaben gleich umzusetzen.

Ein Traumtagebuch zu führen ist ein kreativer Prozess. Wir lauschen nach innen, versuchen uns an den Traum zu erinnern, die Stimmung, die damit einhergeht, einzufangen. Zum Teil strengen wir uns an, zum Teil versuchen wir einfach wach, sensibel für das zu sein, was sich in uns rührt, meldet, auftaucht. Dabei sind wir für alles, was wir wahrnehmen, dankbar. Auch wenn es sich nur noch um einen Traumrest handelt, ein vages Gefühl. Beim Aufschreiben ist es wichtig, das, was wir schreiben, fließen zu lassen. Alles, was uns einfällt, einfach aufzuschreiben und nicht nachzulassen und weiterzuschreiben, wenn uns noch etwas einfällt. Wir sollten keine Zeit darauf verschwenden, uns möglichst gute Formulierungen auszudenken. Es können halbe Sätze, ein Wort, Wortfetzen, möglicherweise umständliche Formulierungen sein. Auch schlage ich vor, den Traum in der Gegenwartsform niederzuschreiben.

Tauchen beim Aufschreiben Erinnerungen, Parallelen zu anderen Träumen auf, begrüßen wir das innerlich, lassen sie – vielleicht in Klammern gesetzt – mit einfließen. Alle Assoziationen, Gedanken, Erinnerungen und Fantasien, die sich beim Aufschreiben einstellen, alle Gefühle, die wachgerufen werden, sind willkommen. Nichts wird zensiert. Manchmal geht es gar nicht so sehr um den Trauminhalt, sondern um das, was bereits beim Aufschreiben des Traumes in mir an Assoziationen und an Erinnerungen ausgelöst wird. Eine bestimmte Person taucht auf oder uns fällt etwas ein, was noch nicht geklärt ist und uns sehr beschäftigt.

Nachdem wir den Traum aufgeschrieben haben, sollten wir für einen kurzen Moment verweilen und hinspüren, was dieser Traum uns sagen und welche Botschaft er uns möglicherweise vermitteln will, auch was wir angehen und von dieser Botschaft umsetzen sollten. Das heißt nicht unbedingt, irgendwelche heroischen Vorhaben anzugehen, sondern herauszufinden, welche konkreten Entscheidungen oder Veränderungen sich für uns aus diesem Traum ergeben.

Wir sollten uns keinen Stress machen, die beste oder die richtige Deutung herauszufinden. Viel wichtiger ist es, über unsere Träume bewusst den Zugang zu unserem Innenbereich zu fördern, dort Eingang zu finden, uns in einer gewissen Weise darin aufzuhalten. Davon haben wir viel mehr als von einer Deutung. Erfüllen unsere Träume diese Funktion, bereiten sie den Weg, den wir beschreiten können, wenn es uns zu viel wird, wir das Gefühl haben, von der Außenwelt, der Beschäftigung mit diesem und jenem, der Hektik, die uns umgibt, aufgefressen zu werden, um an einen Ort – unseren Innenbereich – zu gelangen, wo wir uns ausruhen und erholen können.

Wenn Sie an Traumarbeit interessiert sind, können Ihnen folgende Hinweise helfen (vgl. Taylor 1983):

- Schlafen Sie in der Einstellung ein, dass Sie offen sind für Ihre Träume, Sie interessiert sind an dem, was sie Ihnen sagen möchten. Sprechen Sie Ihr tieferes Selbst direkt an: »Zeig' dich mir. Was immer du mir sagen willst, ist willkommen.« Tun Sie es in einer einladenden Weise, also nicht fordernd. Setzen Sie sich nicht unter Druck, unbedingt heute Nacht träumen zu müssen.
- Unterstreichen Sie Ihre Bereitschaft, sich an Ihre Träume erinnern zu wollen, indem Sie Ihr Traumtagebuch zusammen mit einem Schreibstift neben Ihr Bett legen, sodass Sie gleich nach dem Erwachen oder wenn Sie während der Nacht aufwachen, sich ein paar Notizen über den Trauminhalt machen können.
- Wachen Sie während der Nacht auf und erinnern Sie sich an einen Traum, sind aber zu müde, den Traum aufzuschreiben, merken Sie sich ein Stichwort oder geben Sie dem Traum eine Überschrift, anhand dessen Sie den Traum am Morgen, wenn Sie ihn aufschreiben, rekonstruieren können.
- Überhaupt ist es gut, über jeden Traum, den Sie aufschreiben, eine Überschrift zu setzen. Oft findet sich in der

spontan gewählten Überschrift schon ein wichtiger Hinweis, welche Bedeutung der Traum für Sie haben kann.

- Wenn Sie den Traum aufgeschrieben haben und Sie sich die Frage stellen, was vermag dieser Traum mir zu sagen, sind Sie offen für alle Reaktionen, die sich aus dieser Fragestellung bei Ihnen einstellen: Gedanken, Gefühle, Ahnungen, Erinnerungen. Lassen Sie möglichst viele unterschiedliche Deutungen und Interpretationen zu. Eine Deutung oder Interpretation, bei der Sie ein »inneres Klingeln« wahrnehmen, mag in besonderer Weise auf Ihre Situation zutreffen. Sind Sie aber auch offen für andere, neue Interpretationen. Gehen Sie spielerisch mit dem Traum um, in dem Sinne, dass Sie, von den verschiedensten Seiten Ihres Lebens her, augenblicklichen Fragestellungen, psychischen oder spirituellen Überlegungen her, den Traum für sich fruchtbar machen.
- Erzählen Sie anderen Ihre Träume. Bringen Sie Ihre Träume in die spirituelle und psychotherapeutische Begleitung ein, um sich mit Ihrem Begleiter, Ihrer Begleiterin darüber auszutauschen.
- Vertrauen Sie darauf, dass allein mit der Welt Ihrer Träume in Berührung zu sein, Sie anders in den Alltag gehen lässt. Sie fühlen sich dann verbunden mit der unsichtbaren Welt, erleben sich als Teil von etwas Größerem.

Reflexion:

Welche Bedeutung messen Sie Ihren Träumen bei? Versuchen Sie, wenn Sie bisher Ihre Träume nicht beachtet haben, sich am Morgen an Sie zu erinnern. Unterstreichen Sie das, indem Sie sich ein Traumtagebuch zulegen, in dem Sie Ihre Träume aufschreiben. Wenn Sie sich an einen Traum erinnern, fragen Sie sich, was er wohl bedeuten kann. Vertrauen Sie dabei vor allem Ihrer Deutung. Neben der Deutung machen Sie sich aber auch bewusst, dass Sie über Ihre Träume mit einer tieferen Schicht von sich in Berührung kommen, in die Sie sich versenken oder in der Sie sich verankern können. Ihre Träume, sich mit ihnen zu beschäftigen und über sie mit dem Grenzenlosen in Berührung zu kommen, lassen Sie anders durch den Tag gehen. Sie spüren Ihre Verbundenheit mit dem Grenzenlosen.

Den Tag bewusst beginnen

Wollen wir den Anschluss an das Grenzenlose nicht verpassen, wollen wir nicht nur an der Oberfläche durchs Leben gehen, sollten wir uns immer wieder auf unterschiedliche Weisen mit unserem Innenbereich in Verbindung setzen, gleichsam mit ihm in Berührung kommen. Das macht es erforderlich, uns unseres Innenraumes zu vergewissern, ihm unsere Aufmerksamkeit zu schenken, ihn zu besuchen. Das beginnt schon am Anfang eines Tages.

Wie beginnen Sie den Tag? Es gibt viele Weisen, das zu tun. Der eine verlässt in einer der letzten Minuten, bevor er zur Arbeit aufbrechen muss, sein Bett. Er trinkt vielleicht im Stehen noch einen Kaffee, während er zur gleichen Zeit sein Smartphone benutzt. Eine andere nimmt sich etwas Zeit, um sich an ihre Träume zu erinnern, sie aufzuschreiben und dem nachzuspüren, was sie ihr sagen wollen. Andere bewegen sich, machen einen kleinen Spaziergang, joggen, oder praktizieren Übungen, die ihnen helfen, ihren Körper wahrzunehmen.

Für manche ist der Beginn des Tages auch die Zeit, in der sie ihre Beziehung zu Gott pflegen. Die einen meditieren, andere beten die Psalmen oder besuchen einen Gottesdienst. Eknath Easwaran (vgl. 2002, 180) schlägt vor, sich am Beginn des Tages fünfzehn Minuten bis eine halbe Stunde Zeit zu nehmen, um ein, wie er es nennt, erhebendes Buch zu lesen. Er versteht darunter ein Buch, das einen inspiriert oder gute Gedanken für den Tag mitgibt. Die Spiritualität der christlichen Tradition kennt die *lectio divina*, bei der man in der Form eines betrachtenden Lesens der Schrift versucht, im Hören auf das Wort Gottes Impulse für das eigene Leben zu gewinnen.

Ich erinnere mich noch gut an eine Passage in einem Buch des Psychiaters und Philosophen Rollo May, in der er sich zum einen positiv, zum anderen etwas zurückhaltend zur Praxis der Meditation am Morgen ausspricht. Normalerweise begann er den Tag mit einer kurzen Meditation und zog offensichtlich daraus auch einen großen Gewinn. Auf der anderen Seite, so bemerkt er, war er dann so entspannt, dass er keine richtige Lust mehr hatte, etwas zu arbeiten. Für ihn bedeutete das, an einem Buch weiterzuschreiben oder Klienten zu empfangen.

Ich kann Rollo May verstehen. Denn der Morgen ist eine besondere Zeit. Mir geht es da wie Henry David Thoreau (1996, 79), der von sich sagt, dass sein Leben am heiligsten ist, wenn er morgens erwacht und ihn eine Aura umgibt, als wären seine Träume göttlich gewesen. Für mich ist auch der Morgen die Zeit, in der ich mich mit meinen Träumen beschäftige, solange ich noch mit ihnen in Berührung bin und mit der göttlichen Welt, in die sie mich hineingeführt haben. Denn die »Eingebungen der Nacht, so scheint mir, sind göttlichen Ursprungs. Die Menschen könnten sich morgens treffen und sich gegenseitig von den Neuigkeiten der Nacht berichten – welche Inspirationen sie empfangen haben« (Thoreau 1996, 79).

Während der Nacht tauchen wir in eine andere Welt ab, aus der wir am Morgen wieder auftauchen. Wir sind dann hoffentlich gut ausgeruht und oft auch gereinigt von so manchem, was wir tags zuvor noch mit uns herumgeschleppt haben, was uns beschäftigt oder auch beunruhigt hat. Henry David Thoreau (1996, 37) beschreibt das mit den Worten: »In der Nacht legen wir uns nieder, wir nisten und hüllen uns in unser Wesen ein. Jede Nacht gehe ich nach Hause, um auszuruhen. Jede Nacht werde ich zu meinen Vätern versammelt. Dann verlässt die Seele den Körper und schläft in Gott einen göttlichen Schlummer. Wenn sie sich zurückzieht, hinken die Gliedmaßen, die Augenlider fallen zu und die Natur ergreift wieder Besitz von ihrem Lehm. Die Menschen haben die Nacht immer als göttlich betrachtet. Dann ist die Luft bevölkert – und die Elfen erscheinen.«

Nach einer solchen Nacht beginnen wir, uns unserer selbst vergewissernd, den neuen Tag. Gerade deshalb ist der Morgen eine Zeit, die sich besonders dafür eignet, für einen Moment innezuhalten, um unsere Aufmerksamkeit unserem Innenraum zu widmen. Wir schließen die Augen und schenken diesem Innenraum unsere Aufmerksamkeit. Das allein ist schon etwas, das uns guttut. Wir kommen mit uns in Berührung und nehmen damit Kontakt mit uns selbst auf. Wir spüren, dass wir mehr und noch einmal etwas anderes sind als alles, was um uns herum auf uns einwirkt. Da gibt es mich, eine selbstständige Person, die von sich aus sich auf die Arbeit einlässt, auf Menschen zugeht, sich da einmischt in das Geschehen, dort sich abgrenzt.

So hilft das Innehalten, uns zu konzentrieren, um mit uns als einer selbstständigen, unabhängigen Person in Berührung zu kommen. Denn, »wir mögen denken, dass wir ein gänzlich freies Leben führen wie der erste Mensch, aber das ist niemals der Fall, denn wir sind verstrickt in ein unsichtbares Netz von Erwartungen und Rollen. Wir schreiten lediglich von einer solchen Mutmaßung zur anderen fort, und nur selten nehmen wir dazwischen wahr, dass dies kein Fortschritt ist. Könnten wir nur für einen Augenblick dieses heimliche Spiel beiseitelassen und einfach staunen« (Thoreau 1996, 29).

Wenn es uns gelingt, den Tag staunend zu beginnen, ist nicht alles festgelegt. Wir fangen jeden Tag von vorne an, offen dafür, was er uns bringen will und dazu bereit, das Unsrige dazu beizutragen. Wir schenken dem, was wir gerade tun oder sehen, unsere ungeteilte Aufmerksamkeit und können mit Thomas Traherne (Easwaran 2002, 82f) verkünden: »Alles scheint neu zu sein, unsäglich kostbar, herrlich und schön.«

Wir schlittern nicht einfach in den neuen Tag, machen da weiter, wo wir ihn am Tag zuvor aufgehört haben. Wir halten am Beginn des Tages für einen Moment inne und kehren bei uns ein. Das Innehalten, der bewusste Blick auf uns und in unseren Innenraum, hilft uns, um mit uns, unserer Mitte, unserem Kerndasein, in Kontakt zu kommen. Was wir tun, wie wir uns verhalten, soll von uns abgesegnet sein. Bleibt diese Rückbindung an uns aus, laufen wir Gefahr, zum Spielball der Außenwelt zu werden, die immer mehr Einfluss auf uns ausübt, bis schließlich unser Leben und unser Lebensrhythmus nur noch von ihr her bestimmt wird.

Wie wir am Morgen den Tag beginnen, soll zeigen, was uns wichtig ist. Wir setzen damit Akzente, die uns den Tag über begleiten sollen. Sind das die neuesten E-Mails oder Whatsapp-Nachrichten, die wir abrufen? Oder ist es ein Verweilen, bei dem wir uns den Luxus leisten, ganz bei uns zu bleiben und unsere Aufmerksamkeit unserem Innenbereich, wenn man will: unserer Seele, zu schenken? Oder durch Übungen unseren Körper bewusster wahrzunehmen und beweglich zu halten? Wer Lust am Leben hat, wem es ein Anliegen ist, seelisch und körperlich gesund zu bleiben, der beachtet, was ihm und ihr Bernhard von Clairvaux (1990, 42) zuruft: »Denke also daran: Gönne dich dir selbst; ich sage nicht: Tu das oft, tu es aber hin und wieder einmal. Freue auch du dich an dir selbst, wenigstens nach allen anderen.«

Reflexion:

Fragen Sie sich mit Henry David Thoreau: »Hast du Kenntnis des Morgens? Fühlst du Sympathie mit dieser Tageszeit der Natur? Bist du zeitig in der Frühe auf und wischst den Tau fort? Wenn die Sonne aufgeht, und du schlummerst noch, wenn du das Morgenkrähen nicht hörst, wenn du nicht Zeuge bist der errötenden Aura, wenn du nicht bekannt bist mit der Venus als Morgenstern, was hast du mit Weisheit und Reinheit zu schaffen?«

Am Morgen wie die Vögel singen

Wollen wir aus der Tretmühle herauskommen, die uns vorschreibt, was wir bis wann zu tun haben, wollen wir dem unnatürlichen Rhythmus entrinnen, der uns zwingt, gegen unsere Natur zu leben, sollten wir die Aufforderung von Henry David Thoreau (1996, 87) beherzigen: »Singe am Morgen, wie die Vögel es tun.« Denn, so fragt er, was wären das für Vögel, die eine Tasse Tee oder heißen Kaffee zu sich nehmen müssen, bevor sie anfangen zu singen. Für Henry David Thoreau (vgl. 1979, 96) ist jeder Morgen eine frohe Aufforderung, sein Leben so einfach und so unschuldig zu gestalten wie die Natur selbst.

Der Mönch und Mystiker Thomas Merton, der in den letzten Jahres seines Lebens in einer Einsiedelei lebte und jeden Tag die Wälder in seiner Umgebung aufsuchte, berichtet davon, wie sehr ihm das Leben in den Wäldern, der von der Natur vorgegebene Rhythmus, seiner Art leben zu wollen, entsprach. Er betete in der Zeit, als er in seiner Einsiedelei lebte, am liebsten draußen in der Natur. Er richtete sich dabei nach der Natur, begann also mit dem Sonnenaufgang die ersten Psalmen zu sprechen. Wenn möglich, empfehle ich, es ihm nachzumachen. Also den Tag draußen, vor dem Haus, auf der Veranda, auf dem Balkon, in einem Park, einem Wald, umgeben von Feldern, meditierend, betend, innehaltend, singend zu beginnen. Unser Beten und Singen vermischt sich dann mit dem Gesang der Vögel des Himmels, der aus den Zweigen erklingt (vgl. Psalm 104,12). Ich setze mich manchmal zum Beten oder Meditieren im Wohnzimmer auf einen Sessel, von dem aus ich auf unseren Garten schauen kann. So nutze ich den Morgen, um Gott mein Lied zu singen, ganz im Sinne von Psalm 144,9: »Ein neues Lied will ich, o Gott, dir singen«. Sehr schön versteht das folgende Gedicht »Die Schrift« von Joachim Durrang eine solche Stimmung einzufangen:

Die Schrift

Die Morgenrose klettert am Fenster vorüber
eine Wolke beginnt sie zu umfassen
Engel murmeln den Gesang eines Steines
Der Fluss trägt Silben Gottes
am Ufer entlang
In zwitschernden Wellen
erscheint das Alphabeth
Ich taste über die Schrift einer Woge

(Joachim Durrang)

Es geht darum, die Natur, die Schöpfung in unser Leben, in unser Beten mit hereinzuholen. Die jüdischen Mystiker von Safed in Israel gingen am Vorabend des Sabbats hinaus auf die Felder, um die Ankunft Gottes zu begrüßen. Dabei sangen sie die Liebeslieder aus dem Hohelied der Liebe. Diese

Praxis wurde später darauf reduziert, in den Hofgarten der Synagoge zu gehen, um den Sabbat zu begrüßen. In unseren Prozessionen, vor allem den Flurprozessionen oder Wallfahrten, hat sich etwas davon erhalten. An der Beliebtheit der Pilgerwege und der Wanderexerzitien lässt sich ein großes Interesse an Formen von Gottesbegegnung ausmachen, bei denen die Natur und die Schöpfung miteinbezogen werden.

Vermutlich werden uns tausend Gründe einfallen, die dagegen sprechen. Praktische Gründe, zeitbedingte Gründe. Viele dieser Gründe sind sicher auch berechtigt. Doch wer am Morgen mit Gottes Huld gesättigt werden will, wie es so schön in Psalm 90 heißt, wer die Frische des Morgens, die Intensität von Wachheit dafür nutzen will, mit Gott in Kontakt zu treten, um sein Lied zu seiner Ehre erklingen zu lassen, der wird zumindest ab und zu den Tag umgeben von Natur beginnen.

Die offiziellen Gebetszeiten, wie die Laudes oder die Frühmessen – die es leider kaum mehr gibt –, bieten sich als Möglichkeiten an, bewusst den Tag zu beginnen und zu begrüßen. Freilich haben sie oft etwas vom Charakter eines Morgenrituals verloren. Der Kontakt zur Natur bleibt unterbunden. Es gibt Ausnahmen: Kirchen, Kapellen, die einen Blick nach außen ermöglichen, vor allem auch dann, wenn sie sich in einer schönen Gegend befinden. Oder wenn sie so gebaut sind, dass man das Singen der Vögel hört, ihr Gesang sich mit dem Gesang der Betenden vermischt, wie ich das in der Klosterkirche in Dinklage erlebt habe.

Ich glaube, wir haben manchmal zu große Berührungsängste, die Natur in unseren Glauben und in unsere Liturgie einzubeziehen. Die müssen wir aber nicht haben. Vielmehr kann das Einbeziehen der Natur, gerade am Beginn eines Tages, mit dazu beitragen, dass Gott uns am Morgen mit seiner Huld sättigt. Für Bernhard von Clairvaux gibt es zwei Bücher, um Gott zu finden, das Buch der Bibel und das Buch der Natur. Wie sehr Letzteres zutrifft, zeigen folgende Beobachtungen und Erfahrungen von Henry David Thoreau (1996, 97): »Alle Merkmale des Göttlichen, die ich in der Natur entdecke, gilt es zu beobachten und zu beschreiben. Mein Beruf ist es, stets wachsam zu sein, wo ich Gott in der Natur finden, wie ich seine Verstecke aufstöbern, den Oratorien und Opern in der Natur lauschen kann.«

Reflexion:
Wann und wo singen Sie Ihr Lied für Gott am liebsten? Können Sie sich damit befreunden, öfters in der Natur Gott, dem großen Geheimnis oder wie immer Sie das ganz Andere oder den ganz Anderen bezeichnen, zu begegnen?
Es gibt viele Möglichkeiten, innezuhalten, mit sich und seiner Umgebung in Kontakt zu kommen, bewusster wahrzunehmen, was in mir und um mich herum geschieht. Andreas von Heyl (2011, 151f) schlägt dafür folgende Übung vor:

Gehen Sie ins Freie, möglichst an einem ungestörten Ort. Lassen Sie das Denken und Beurteilenwollen zurück und nehmen Sie nur noch wahr:
sehen (Wiesen, Wald, Wege, Himmel, Wolken ...);
hören (das Zwitschern der Vögel, das Läuten der Glocken);

riechen (den Duft der Blumen etc.);
tasten (Steine, Baumrinde, Erdreich);
spüren (die Schwerkraft, die Strahlen der Sonne, die Nässe des Bodens).
Nehmen Sie alle diese Dinge wahr, ohne sie gleich bewerten oder beurteilen zu wollen. Für das Gelingen der Übung ist es entscheidend, dass Sie ganz im Wahrnehmen bleiben.
Entspannen Sie nach der Zeit des Wahrnehmens und lassen Sie das Wahrgenommene nachklingen.
Vertiefen Sie noch einmal die Wahrnehmung: Nehmen Sie einen Gegenstand mit allen Sinnen in sich auf, und nehmen Sie ihn nacheinander nur mit jeweils einem Sinn bewusst wahr (eine Zeit im Hören, dann im Spüren etc.).
Hören Sie eine Zeit lang auf das Leisere, achten Sie auf das Unauffälligere. Nehmen Sie das wahr, was sich den Sinnen zunächst nicht aufdrängt.
Wenn es für Sie stimmt, können Sie die Übung mit einem Gebet beschließen oder auch einfach nur noch für eine Weile nachwirken lassen.

Den Tag über auf unserer Spur bleiben

Für Sigmund Freud sind die Träume der königliche Weg zum Unbewussten. Das war mir schon sehr lange bewusst. Es führte dazu, dass ich mich schon sehr früh mit meinen Träumen befasste. Sie bringen mich mit meinem tieferen

Inneren, meinem Selbst, meiner Seele in Berührung. Sie helfen mir dabei, die Erfahrung zu machen, mitten in meinem Alltag an das Grenzenlose angeschlossen, mit Gott verbunden zu sein.

Erst recht spät habe ich das Mantra entdeckt, das für mich inzwischen während des Tages zum königlichen Weg geworden ist, der mich zu meinem bewussten Zentrum führt. Ein Mantra, das man mit »heiliger Name« übersetzen könnte, besteht aus einem Wort oder einem Satz, den man immer wieder wiederholt. Es ist allerdings nicht irgendein Wort oder Satz, sondern ein ganz bestimmtes Wort oder ein ganz bestimmter Satz. Es ist eine Art spirituelle Formel, der eine besondere Bedeutung zukommt. Mantras haben eine eigene Geschichte, lassen sich oft einem religiösen Kontext zuordnen oder es haftet ihnen etwas Archaisches und Geheimnisvolles an. Ein recht bekanntes Mantra, das zum Beispiel Mahatma Gandhi benutzte, lautet *Rama*, das so viel wie »sich auf etwas freuen« bedeutet. Bekannte Mantras im christlichen Kontext lauten: Kyrie eleison oder Herr Jesus Christus, erbarme dich meiner.

Für den Inder Eknath Easwaran, der in Kalifornien ein Meditationszentrum leitete, ist das Mantra das nützlichste und wirksamste Werkzeug, das wir gebrauchen können, um unseren Geist zu verlangsamen. Mit ihm verfügen wir über eine gewaltige Kraft, der es gelingt, die Aufmerksamkeit unseres Geistes von allen Problemen, die uns beschäftigen, wegzulenken. Darüber hinaus erinnert uns ein Mantra an unser wahres Wesen und hält uns dieses höchste Bild von uns selbst, das wir in uns tragen, ständig vor Augen.

Ich kann aus eigener Erfahrung bestätigen, was Eknath Easwaran über das Mantra und seine Wirkung schreibt, und möchte dazu ermutigen, es einmal auszuprobieren. Es beginnt damit, sich für ein Wort oder einen Satz zu entscheiden. Es sollten Wörter oder Sätze sein, die durch eine Überlieferung in einer gewissen Weise geweiht sind (vgl. Easwaran 2002, 187). Hat man sich für ein Mantra entschieden, sollte man bei diesem Mantra bleiben und dieses Mantra immer und immer wieder wiederholen. So wird das Mantra mit der Zeit zu einem festen Bestandteil unseres Innenlebens und führt uns immer mehr in unsere Tiefe. Es steht für etwas Konstantes in unserem Leben, das wir im Aussprechen bestärken und an dem wir uns dabei zugleich auch ausrichten und festhalten.

Mantras erweisen sich als eine sehr wirkungsvolle Möglichkeit, inneres Ausbrennen zu verhindern. Sie sorgen dafür, dass wir wieder in den von unserem Herzen her vorgegebenen Rhythmus fallen, wenn wir Gefahr laufen, aus diesem Rhythmus herauszufallen. Inmitten der Hektik, die unseren Alltag oft beherrscht, oder wenn wir aufgewühlt, aufgebracht oder unruhig sind, kann unser Mantra uns helfen, auf unserer Spur zu bleiben und uns von der Hektik nicht davontragen zu lassen. Das Mantra wirkt wie eine Bremse, wenn wir dabei sind, uns zu übernehmen, mehr zu geben als wir haben, schneller zu handeln und zu gehen als uns auf Dauer guttut.

Das innere – oder wenn wir wollen auch laute – Aussprechen unseres Mantras trägt dazu bei, dass wir mit unserem Zentrum in Berührung bleiben. Es hilft uns, bei uns zu bleiben, nicht auszurasten, sondern bedachtsam vorzugehen und zu reagieren. Das Mantra holt uns in die Gegenwart zurück, wenn unsere Aufmerksamkeit von irgendetwas anderem gefangen ist »als von dem unmittelbaren Hier und Jetzt – zum Beispiel von irgendeinem vergangenen Ereignis« (Easwaran 2002, 233).

Um eine solche Wirkungskraft unseres Mantras zu erzielen, ist es notwendig, dass unser Mantra uns in Fleisch und Blut übergeht. Das verlangt von uns üben, üben und nochmals üben. Mantras können bei jeder Gelegenheit, wenn wir uns nicht mit etwas anderem beschäftigen müssen, in unserem Herzen gesprochen werden. Das heißt, wir sollten jede Gelegenheit, die sich anbietet, dazu nutzen, unser Mantra zu sprechen. So können wir zum Beispiel unser Mantra sprechen, wenn wir im Zug sitzen, während wir zum Fenster hinauszuschauen. Oder wenn wir mit jemandem Auto fahren und keine Lust zur Unterhaltung haben. Oder wenn wir irgendwo warten müssen, an einer Sitzung teilnehmen müssen, die uns langweilt, usw.

Ich beginne damit, mein Mantra aufzusagen, wenn ich am Morgen mit unserem Hund spazieren gehe. Während ich durch die Landschaft laufe und alles, was mich umgibt, auf mich wirken lasse, spreche ich in meinem Herzen mein Mantra: »Herr Jesus Christus, erbarme dich meiner«. Mein Mantra ist für mich oft auch wie ein Gebet, bei dem ich in Kontakt mit Jesus trete. Es bahnt mir dann den Weg zu Jesus, zu Gott, »der höchsten Macht, der wir zustreben und die wir lieben können« (Easwaran 2002, 186f.).

Mir gefällt vor allem die Vorstellung, dass im Mantra und dessen Aussprechen das bestärkt wird, was unser wahres Wesen ausmacht. In meinem Fall würde ich sagen, dass mein Mantra »Herr Jesus Christus, erbarme dich meiner« unterstreicht, dass ich von Gott geliebt bin. Und das auf eine Weise, die kaum zu überbieten ist. Denn sich des anderen erbarmen ist ja die intensivste Form von Zuwendung, eine Liebe ganz aus dem Bauch heraus.

Je öfter wir unser Mantra im Herzen sprechen, desto mehr wird es nahezu automatisch in uns erklingen. Es wird zu unserem ständigen Begleiter, vergleichbar einem Schutzengel, der uns zur Seite steht. Unser Mantra erinnert uns an das Grenzenlose, erinnert und bringt uns damit in Verbindung. Es ermöglicht uns damit, uns von der Energie, die vom Grenzenlosen ausgeht, energetisieren und damit unser Leben und unseren Alltag bereichern zu lassen.

Reflexion:

Sind Sie vertraut mit der Praxis von Mantras? Sollten Sie diese Praxis bisher nicht kennen, empfehle ich Ihnen, es einmal auszuprobieren. Entscheiden Sie sich für ein Mantra. Wenn Ihnen kein Name einfällt, versuchen Sie es mit »Rama«, dem Mantra, das Mahatma Gandhi benutzte. Sprechen Sie Ihr Mantra bei jeder sich bietenden Gelegenheit. Es soll Ihnen in Fleisch und Blut übergehen. Zunächst ist es wichtig, Ihr Mantra in sich zu speichern. Dann können Sie es einsetzen, wenn Sie merken, Sie hetzen durch den Tag, um Ihr Tempo zu drosseln. Wenn Sie wegen irgendetwas in Rage geraten, trägt Ihr Mantra zur Beruhigung bei. Oder Sie benutzen es, wenn Sie nicht einschlafen können. Wenn Sie von Gedanken besetzt sind, die Sie loswerden wollen, nutzen Sie Ihr Mantra, um Ihre Aufmerksamkeit zu befreien. Stürzen Sie sich in die Arbeit, oder machen Sie einen zügigen Spaziergang und wiederholen dabei im Geist das Mantra (vgl. Easwaran 2002, 233).

Den Tag mit einem Ritual beenden

»Wir sollten unsere Mahlzeiten im Freien nehmen, den Sonnenuntergang und die aufgehenden Sterne im Blick«, schreibt Henry David Thoreau (1996, 95). Wer wollte es Henry David Thoreau nicht gleichtun. Oft können wir das nur im Urlaub machen. Doch um ein erfüllendes Leben zu führen, ist es wichtig, dass es neben unserer Arbeit auch noch ein anderes Leben gibt. Das muss und kann nicht immer ein gemütliches Abendessen unterm Sternenhimmel sein. Aber der Abend sollte sich, wie das auch für den Morgen gilt, vom Alltag unterscheiden.

So sollte der Abend den Dingen vorbehalten sein, die tagsüber, bei der Arbeit, zu kurz kommen. Ein Treffen mit Freunden, ein Kinobesuch, endlich sich Zeit nehmen, in einem Buch zu schmökern, ins Theater oder in ein Konzert gehen, einen Krimi im Fernsehen anschauen, ein Hobby pflegen usw. Das und vieles mehr können wir am Abend tun. Es sollte auf alle Fälle etwas sein, das uns Spaß macht. Nicht etwas, das wir tun müssen oder von uns erwartet wird, zu tun.

Der Abend bietet sich auch dafür an, zum Abschluss des Tages sich in ein spirituelles Buch zu vertiefen. Das gilt vor allem nach einem hektischen Tag. Was wir am Abend tun, sollte nicht eine Fortsetzung der Bilderflut sein, der wir tagsüber ausgesetzt sind. Dafür eignen sich Bücher, die uns nicht noch mehr aufwühlen, sondern dazu einladen, innerlich zur Ruhe zu kommen, bewusst den Tag abzuschließen.

Vor dem Schlafengehen können wir auch noch einmal für einige Minuten bewusst innehalten, also uns nach innen wenden und den Tag Revue passieren lassen. Wir können das an dem Ort oder Platz tun, an dem wir auch mit unserem Innehalten oder unserer Meditation den Tag begonnen haben. Das können manchmal nur fünf Minuten sein. Entscheidend ist, dass wir bewusst den Tag beenden. Es sind dann nicht die Bilder und Eindrücke vom Fernsehen oder Gedanken und Sorgen, die uns von der Arbeit noch durch den Kopf gehen, oder ein letzter Blick auf das Smartphone, die den Tag beenden, sondern ein kurzer Besuch bei uns selbst.

Wenn ich vor dem Zubettgehen mich noch einmal auf mein Meditationshöckerchen setze und vor der Ikone eine Kerze entzünde, richte ich meine Aufmerksamkeit nach innen. Ich versuche mit mir in Berührung zu kommen, wie ich mich fühle. Was war heute wichtig? Was geht mir noch nach? Was hat mir heute gutgetan? Was war nicht so gut gelaufen? Wo kam es bei der Arbeit, in der Familie oder sonst wo zu wirklichen Begegnungen, bei denen ein echter Austausch von mir zu dir und von dir zu mir stattfand? Gibt es etwas, wofür ich heute besonders dankbar bin? Solche oder ähnliche Fragen können bei diesem kurzen Besuch bei mir selbst zur Sprache kommen.

Wenn mir etwas einfällt, wofür ich dankbar bin, kann ich dann auch ganz bewusst diese Dankbarkeit zulassen. Es ist ein Gefühl, das mich aufbaut, das mich bestärkt. Ich muss dabei das, was mir nicht gelungen ist, nicht übersehen. Das gibt es auch und das will ich das nächste Mal vielleicht besser machen. Ich versteife mich aber nicht darauf. Vielmehr unterstreiche ich und umarme ich, was mir gelungen ist, was mir Freude bereitet hat, wofür ich dankbar bin. »Dankbarkeit ist Feste feiernde Liebe. Wie Liebe das gelebte Ja freudiger Zugehörigkeit ist, so feiert Dankbarkeit das Leben durch ein freudiges Ja an jedem Knoten des großen Netzwerks, in dem alles mit allem zusammenhängt« (Steindl-Rast 2016, 186).

Wer eine persönliche Beziehung zu Gott oder Jesus hat, kann Gott in seinen Dank mit einbeziehen. Er kann ihm gegenüber aber auch alles zur Sprache bringen, was ihn tagsüber beschäftigt hat. Er und sie können ihre Sorgen bei ihm abladen. Wir können uns ihm einfach so, wie wir sind, hinhalten und alles, was uns noch beschwert, ihm überlassen. Das entlastet uns, lässt uns zur Ruhe kommen. Wir können den Psalmvers beten: »In deine Hände, Herr, befehle ich meinen Geist« (Psalm 31,6). Wir können diesen Satz immer wieder wiederholen. Oder wir können das Taizé-Lied mit der lateinischen Version dieses Verses »In manus tuas pater, commendo spiritum meum« singen.

Alle genannten Möglichkeiten tragen dazu bei, den Tag bewusst, im guten Kontakt zu uns selbst, abzuschließen, ja uns von ihm zu verabschieden, um uns dann der Welt des Schlafes und der Träume zu überlassen. Wir vergewissern uns dabei auch noch einmal, dass wir in Verbindung stehen mit einer höheren Macht, mit Gott, angeschlossen sind an das Grenzenlose, und überlassen uns vertrauensvoll dieser höheren Macht.

Reflexion:
Wie gestalten Sie Ihre Abende? Nehmen Sie Arbeit mit nach Hause oder ist für Sie Ihr Zuhause eine arbeitsfreie Zone? Wie beenden Sie den Tag? Wäre es einen Versuch wert, den Tag ganz bewusst mit einem Ritual zu beenden? Wie könnte das aussehen?
Eine Möglichkeit, den Tag zu beenden, ist auch das folgende »Gebet der liebenden Aufmerksamkeit«, das auf den heiligen Ignatius von Loyola zurückgeht. Dabei handelt es sich um einen Rückblick auf den vergangenen Tag in sieben Schritten (vgl. von Heyl 2011, 152):

1. Nehmen Sie wahr, wie es Ihnen gerade jetzt geht.
2. Richten Sie sich innerlich auf Gott, Jesus, eine höhere Macht hin aus, so wie es Ihnen gerade jetzt möglich ist.
3. Bitten Sie darum, dass er, sie Ihnen hilft, sich und Ihren heutigen Tag mit offenen Augen und Ohren und wachem Herzen wahrnehmen zu können.
4. Schauen Sie auf den Tag zurück und was Sie heute erlebt haben; dabei achten Sie darauf, was Sie jetzt noch bewegt und berührt. Wenn Sie auf den Tag zurückschauen, tun Sie das ohne Wertung mit einem liebevollen Blick.
5. Wo haben Sie Ermutigung, Trost und Hoffnung gespürt? Wo Misstrauen, Angst und Entmutigungen?

6. Wofür sind Sie dankbar? Lassen Sie die Dankbarkeit in Ihrem Herzen zu. Was bekümmert Sie? Tragen Sie Ihren Kummer vor Gott, wie im Gespräch mit einem guten Freund. Wenn Sie ein besonderes Anliegen haben, beten Sie dafür.
7. Schauen Sie auf das, was vor Ihnen liegt, und bitten Sie um Kraft, Mut und Beistand.

Zum Schluss

Ich bin am Ende angekommen. Da entdecke ich beim Psalmenbeten den Vers:

> »Wer ist der Mensch, der das Leben liebt und gute Tage zu sehen wünscht?« (Psalm 34,13)

Ich muss gestehen, dass mir dieser Vers bisher nicht bewusst aufgefallen war. Jetzt aber war ich freudig erstaunt, ihn zu entdecken. Ich vermute, der heilige Benedikt, der sich besser bei den Psalmen auskannte als ich, hat bei seiner Regel, als er zum Eintritt ins Kloster mit den Worten warb »Wer hat Lust am Leben«, diesen Vers gekannt. Er hätte sich sicher nicht vorstellen können, dass eineinhalbtausend Jahre nach ihm ein Soziologe das nicht besser hätte formulieren können, wenn er sich dafür stark macht, eben genau das zu tun: das Leben zu lieben. Weil wir erst dann die Resonanz von unserer Mitwelt und Umwelt erhalten werden, nach der wir uns sehnen.

Ja, wir werden gute Tage sehen, wenn wir das Leben, die Menschen, aber auch die vielen anderen Dinge, die zum Leben gehören, lieben. Das mag sehr fromm und ideal klingen und ideal ist es allemal. Aber wer Lust am Leben haben will, wer gute Tage zu sehen wünscht, wer ein erfülltes Leben leben will, der sollte es zumindest einmal probieren.

Ich habe dieses Buch am Ende einer für mich persönlich sehr schwierigen Zeit geschrieben, in der ich wie nie zuvor in meinem Leben dem Tod ins Gesicht geschaut habe. Heute, wo ich die letzten Zeilen dieses Buches schreibe, lese ich in unserer Heimatzeitung, dass der Stardirigent Justus Frantz, der vor Kurzem beinahe an einer Blutvergiftung gestorben wäre, nach diesen Erfahrungen viel bewusster mit sich und seinem Leben umgeht. »Es macht so viel Spaß, auf der Erde zu sein«, bekennt er. Ich kann ihm nur zustimmen: »Es macht so viel Spaß, auf der Erde zu sein.« Jedenfalls solange wir Lust am Leben haben.

Quellen

Altmann, Peter: Mythisches Feuer. Laurens van der Post und C. G. Jung, in: Neue Zürcher Zeitung, Nr. 287, vom 9./10.12.2006, S. 31.

Bays, Jan Chozen: Mindfulness on the Go. Simple Meditation Practices you can do anywhere, Boston (Shambhala Publications) 2014.

Beise, Marc: Mehr Mensch. Sebastian Gallander wagt den Sprung zum Nachbarschaftsportal Nebenan, in: Frankfurter Allgemeine Sonntagszeitung, Nr. 164, vom 19.7.2018, S. 19.

Bernau, Patrick: Trink, Kollege, trink, in: Frankfurter Allgemeine Sonntagszeitung, Nr. 33, vom 19.8.2018, S. 20.

Bernhard von Clairvaux: Weil mein Herz bewegt war, übers. und eingel. v. Elisabeth Hense, Freiburg (Herder) 1990.

Bernhard von Clairvaux: Sämtliche Werke Bd. V: Predigten über das Hohelied 1–38, Wien (Tyrolia) 1995.

Bielecki, Tessa: Teresa, the Grand Wild Woman of Ávila, (Element Books) Rockport 1994.

Branden, Nathanael: The Power of Self-Esteem, New York (Barnes & Nobel) 2001.

Brantschen, Nikolaus: Ich fühle mich doppelt verwurzelt, in: Publik-Forum, Nr. 10, Oberursel 2003, S. 10.

Buber, Martin: Ekstatische Konfessionen © 2013, Gütersloher Verlagshaus, Gütersloh, in der Verlagsgruppe Random House GmbH.

Buber, Martin: Das dialogische Prinzip © 1999, Gütersloher Verlagshaus, Gütersloh, in der Verlagsgruppe Random House GmbH.

Coelho, Paulo: Unterwegs. Geschichten und Gedanken, CD, Steinbach, Sprechende Hörbücher, Marl 2009.

Dass, Ram / Gorman, Paul: How can I help? New York (Alfred A. Knopf) 2007.

Dogs, Christian: Rennt nicht sofort zum Therapeuten!, in: Frankfurter Allgemeine Sonntagszeitung, Nr. 49, vom 10.12.2017, S. 28.

Durrang, Joachim, Die Schrift, aus: Ders.: Der tätowierte Himmel. Gedichte, Frankfurt am Main (Razamba) 2017 © Verlag Razamba.

Dusen, Wilson Van: Usefulness. A Way of Personal and Spiritual Growth, West Chester (Swedenborg Foundation) o. J.

Easwaran, Eknath: Nimm dir Zeit. Ruhe finden in einer hektischen Welt, aus dem Engl. von Beate Bettenhausen u. Ute Leibmann, Bergisch-Gladbach (Lübbe) 2002.

Fellmann, Max: Auf Schicht, in: Süddeutsche Zeitung Magazin, München, Nr. 18, vom 6.5.2015, S. 8–17.

Geissler, Karlheinz A.: Einladung zur Langsamkeit, Freiburg (Kreuz) 2012.

Grün, Anselm: Lob der sieben Tröstungen, Freiburg (Herder) 2012.

Haskell, David G.: »Grausam und schön«, Interview von Fritz Habekuß mit David G. Haskell, in: DIE ZEIT, Nr. 42, vom 12.10.2017, S. 30.

Heidegger, Martin: Gelassenheit, Pfullingen (Günther Neske) 1985.

Heyl, Andreas von: Das Anti-Burnout-Buch für Pfarrerinnen und Pfarrer, Freiburg (Kreuz) 2011.

Jung, Carl Gustav: Über die Beziehung der Psychotherapie zur Seelsorge (1932), in: C. G. Jung, Gesammelte Werke, Band 11, Zur Psychologie westlicher und östlicher Religionen, S. 337–355 © Verlagsgruppe Patmos in der Schwabenverlag AG, Ostfildern 4. Auflage 2015, www.verlagsgruppe-patmos.de

Jung, Carl Gustav: Bewusstes und Unbewusstes, Frankfurt am Main (Fischer) 1972.

Jung, Carl Gustav: Der Mensch und seine Symbole, Olten (Walter) 1993.

Jung, Carl Gustav: Ein großer Psychologe im Gespräch, Freiburg (Herder) 1994.

Jung, Carl Gustav: Erinnerungen, Träume, Gedanken von C. G. Jung, aufgez. und hg. von Aniela Jaffé, Olten (Walter) 1997.

Kaschnitz, Marie Luise: Auferstehung, in: Dies., Gesammelte Werke, Bd. 5, S. 306 © MLK-Erbengemeinschaft Berlin/München.

Lax, Robert: Mit Robert Lax die Träume fangen, Freiburg (Herder) 2006.

Lorenz Erika (Hg.): Lockruf des Hirten. Teresa von Ávila erzählt ihr Leben, München (Kösel) 1999.

Lowen, Alexander: Bioenergetik. Therapie der Seele durch Arbeit mit dem Körper, Hamburg (Rowohlt) 1993.

Maslow, Abraham: Motivation und Persönlichkeit, Hamburg (Rowohlt) 1994.

May, Rollo: Freedom and Destiny, New York (Norton) 1981.

Merton, Thomas: Conjectures of a Guilty Bystander, New York (Doubleday) 1966.

Merton, Thomas: Christliche Meditation. Ein radikaler Weg der Gottsuche, München (Claudius) 2010.

Nouwen, Henri: Nähe. Sehnsucht nach lebendiger Beziehung, Freiburg (Herder) 1991.

Peikert, Denise: Eine Dosis Wald, in: Frankfurter Allgemeine Sonntagszeitung, Nr. 52, vom 31.12.2017, S. 17.

Peikert, Denise: Lass dich jetzt nicht ablenken!, in: Frankfurter Allgemeine Sonntagszeitung, Nr. 21, vom 21.6.2018, S. 21.

Pieper, Joseph: Arbeit, Freizeit, Muße, Mainz (Grünewald) 1995 (Tonkassette).

Popp, Susanne: Entschleunigung – Die Sehnsucht nach der baumelnden Seele, in: Mainpost vom 10.8.2018.

Rauterberg, Hanno: Burn-out der Kunstfreunde, in: DIE ZEIT vom 14.9.2017.

Reiser, Wolf: Der Dichter und sein Drache, in: Süddeutsche Zeitung, Nr. 246, vom 25.10.2007, S. 41.

Rosa, Hartmut: Ergriffen vom Leben, in: Publik Forum, Nr. 14, 2013, S. 29.

Rosa, Hartmut: Schwing mit der Welt! Der Soziologe Hartmut Rosa über Gemeinschaft, Nachhaltigkeit und Auswege aus der Beschleunigungskrise, Interview in Quartier Zukunft vom 13.6.2016.

Rosa, Hartmut: Resonanz. Eine Soziologie der Weltbeziehung, Berlin (Suhrkamp) 2016 (b).

Rosa, Hartmut: Nicht Langsamkeit, sondern »Resonanz« ist gefragt, in: Christ in der Gegenwart, Nr. 33, 20. August 2017, S. 362.

Schellenberger, Bernardin: Wider den geistlichen Notstand. Meine Erfahrungen mit der Seelsorge, Freiburg (Herder) 1991.

Simonischek, Peter: Vom Glück der Langeweile, in: Mainpost, Nr. 127, vom 6.6.2018, S. 12.

Steindl-Rast, David: Ich bin durch Dich so ich. Lebenswege, Münsterschwarzach (Vier-Türme-Verlag) 2016.

Tagore, Rabindranath: Lass mich bitte, in: Ders., Gitanjali. Gebete, Lieder und Gedichte, mit einem Vorwort von W. B. Yeats, aus dem Englischen von Axel Monte © 2013 Anaconda Verlag GmbH, Köln.

Taylor, Jeremy: Dream Work. Techniques for Discovering the Creative Power in Dreams, New York (Paulist Press) 1983.

Teilhard de Chardin, Pierre: Das göttliche Milieu. Ein Entwurf des inneren Lebens, Düsseldorf (Benziger) 2000.

Thoreau, Henry David: Walden oder Leben in den Wäldern, aus dem Amerikanischen von Emma Emmerich und Tatjana Fischer, Zürich (Diogenes) 1979.

Thoreau, Henry David: Aus den Tagebüchern 1837–1861, hg. u. übers. von Susanne Schaup, Oelde (Tewes Verlagsbuchhandlung) 1996.

Tieck, Heinrich (Hg.): Wenn ein Blatt sich bewegt, kann auch der Ast erzittern. Gedanken chinesischer Weiser, übertr. aus den chin. Urtexten von Anna von Rottausche, Wien (W. Scheuermann) 1939.

Traherne, Thomas, Staunen, in: Verlorenes Paradies. Die Visionen des Thomas Traherne, hg. von Gerhard Döring, übers. von Ernst Lehrs © Verlag Urachhaus, Stuttgart 1996.

Weiß, Theresa: Freunde sollt ihr sein, in: Frankfurter Allgemeine Sonntagszeitung, Nr. 167, vom 21./22.7.2018, S. C1.

Welte, Bernhard: Vom rechten Hören, in: Hemmerle, Klaus (Hg.), Gespräch ohne Partner, Freiburg (Herder) 1960, S. 9–26.